edition suhrkamp 2201

Marcel Beyer, Thomas Hettche, Friederike Kretzen, Sibylle Lewitscharoff, Thomas Meinecke, Kathrin Schmidt, Ingo Schulze und Yoko Tawada – vier Autorinnen und vier Autoren, deren Tonlagen die aktuelle deutschsprachige Literatur prägen, geben Auskunft über die Fragen: »Warum schreiben Sie?« und »Wie schreiben Sie?« Die Antworten fallen ganz unterschiedlich aus und berühren dennoch ähnliche, zentrale Punkte: Die Bedeutung des Lesens für das eigene Schreiben, die Inspirationsquellen, die Rolle des Ich, den Umgang mit Zeit und Raum, das Verhältnis zum Literaturbetrieb. Der Band zeigt die Farbigkeit des Spektrums gegenwärtiger Schreibweisen und Lesarten.
Die Beiträge basieren auf einer Poetikreihe, die Ute-Christine Krupp und Ulrike Janssen 1999 in Köln organisierten. Von Ute-Christine Krupp erschien im Suhrkamp Verlag *Greenwichprosa* (1997).

Zuerst bin ich immer Leser
Prosa schreiben heute

Herausgegeben
von Ute-Christine Krupp
und Ulrike Janssen

edition suhrkamp 2201
Erste Auflage 2000

Satz: Jung Satzcentrum, Lahnau
Druck: Nomos Verlagsgesellschaft, Baden-Baden
Umschlag gestaltet nach einem Konzept
von Willy Fleckhaus: Rolf Staudt
Printed in Germany

1 2 3 4 5 6 – 05 04 03 02 01 00

Inhalt

Vorwort

»Der Generationenwechsel ist vollzogen«, schreibt Thomas Hettche in seinem Essay *Nowa Huta*. Nachdem einige Zeit Schriftsteller der älteren Generation das Feld beherrschten, stehen nun jüngere Autorinnen und Autoren wieder im Blick der Öffentlichkeit. Die Wirklichkeit, mit der diese jüngere Generation sich auseinandersetzt, ist von der Dominanz der Medien geprägt. Die Auseinandersetzung findet, je nach Ausgangspunkt und Perspektive, in ganz unterschiedlichen literarischen Formen statt.

In diesem Band werden vier Autorinnen und vier Autoren vorgestellt, die sich mit ihren Prosatexten in den 90er Jahren etabliert haben und ein sehr breites Spektrum unterschiedlicher Schreibweisen repräsentieren: Marcel Beyer, Thomas Hettche, Friederike Kretzen, Sibylle Lewitscharoff, Thomas Meinecke, Kathrin Schmidt, Ingo Schulze, Yoko Tawada. Sie alle haben komplexe Erzählweisen entwickelt und grenzen sich damit gegen eine Prosa sowohl des »naiven« Realismus als auch des formalen Sprachspiels ab. In der Auseinandersetzung mit dem Zusammenspiel von Wirklichkeit, Wahrnehmung und Medialität sind narrative Formen entstanden.

Wie arbeiten diese Autorinnen und Autoren, wie stellen sie ihre Texte her? Wie setzen sie sich mit Traditionen, mit Themen und Motiven auseinander? Welche Rolle spielt dabei die Gegenwart, welche die Erinnerung an Vergangenes? Welche Bedeutung hat das Lesen für das eigene Schreiben?

Die acht Essays, die Auskunft über diese Fragen geben, entstanden innerhalb der Poetik-Reihe *Schreibfiguren,* die im Wintersemester 1999/2000 mit dem Thema »Junge Prosa der 90er Jahre« zum ersten Mal im Literaturhaus Köln stattfand. Es gehört zum Konzept dieser Poetik-Reihe, sich nicht auf eine Autorin oder einen Autor zu beschränken, sondern mehrere zu einem Schwerpunktthema einzuladen. Ein Seminar an der Universität zu Köln begleitete die öffentlichen Veranstaltungen im Literaturhaus. Im Anschluß an die Vorträge, die im vorliegenden Band in der Reihenfolge der Veranstaltungen abgedruckt sind, fand jeweils ein moderiertes Gespräch statt.

»Ich will am Beginn jedes neuen Textes an den Punkt Null zurückgeworfen werden.« Der Punkt Null, den Yoko Tawada am Beginn jedes Textes sucht, kann das reine Schriftzeichen sein, eine grafische Spur, die noch nicht mit einem Wort in Verbindung gebracht wird. Der Anfang des Textes liegt dann im Visuellen. Das verbindet Yoko Tawada mit Thomas Hettche, dessen Schreiben vom Bild ausgeht, ob in Form einer Fotografie, einer Zeichnung, eines Gemäldes oder eines Films. Bei anderen sind es Erinnerungen, die den Text auslösen, Biographisches, das vergegenwärtigt wird, oder aktuelle Wahrnehmungen.

Ist die Geschichte im Kopf schon fertig, oder kritzelt man den ersten Satz hin, und daraus ergibt sich der nächste? Braucht man für den Anfang bestimmte Rituale? Was trinkt man, was ißt man und wie zieht man sich an? Wie stellen sich die Sätze ein? Beim Gehen, beim Schlafen oder beim Lesen?

So verschieden die Ansätze der Autorinnen und Autoren sind, es fällt auf, daß das Lesen anderer Texte für viele von ihnen das eigene Schreiben nicht nur vorantreibt, sondern der eigene Text aus anderen geradezu entsteht. Schreiben wird so zur Fortsetzung des Lesens. »Zuerst bin ich immer Leser«, heißt es bei Ingo Schulze. »Würde ich nicht lesen, würde ich auch nicht schreiben.«

»Vielleicht gibt es auch zwei Arten von Träumen, die einen in Farbe, die anderen in Schwarzweiß.« Marcel Beyer hat, wie er in der Diskussion sagte, in seinem Essay »Fantasiethesen« durchgespielt, »von denen ich keine Ahnung habe, ob sie haltbar sind«. Dies erlaube er sich gern, weil literarisches Schreiben nicht »wissenschaftlich stichhaltig« sein müsse. Das bedeutet keineswegs, daß literarische Texte ›ungenau‹ sind. Ihre »Stichhaltigkeit« liegt vielmehr in dem Grad des Bewußtseins, das man von ihrer Fiktionalität und Gemachtheit hat.

Ein Beispiel dafür ist die Prosa Thomas Meineckes, die ihre eigene Konstruiertheit miterzählt. Er folgt dabei einem Konzept des Text-Samplens: Der eigene Text entsteht, indem fremde Texte, Theorien und Diskurse ineinandergemischt werden. Diese Verfahrensweise prägt auch sein Selbstbild als »Autor«, er begreift sich als Medium. Ganz ähnlich bezeichnet sich Kathrin Schmidt als »Resonanzkörper dessen, was mich umgibt«.

»Darf man über sich selber schreiben?« fragt Sibylle Lewitscharoff und antwortet: »Ja, man tut es sowieso. Es sind aber Geruchsprobleme damit verbunden.« Welche Beziehung gibt es zwischen Text und Autorin bzw. Autor, zwischen Figuren und »Autor-Ich«? Darf überhaupt eine Autorin, ein Autor im eigenen Text auftauchen?

Die Dekonstruktion jeder Art von Subjekt, also auch des Autor-Subjekts, ist für Thomas Meinecke literarisches Programm. Er versteht dies als politische Arbeit, denn was poststrukturalistische Theoretiker seit Ende der 60er Jahre begannen, sei noch immer nicht konsequent umgesetzt.

Für Ingo Schulze ist ein ›naiv-authentisches‹ Schreiben schlicht unprofessionell: »Wenn jemand sein Gedicht oder Romanmanuskript verteidigt, wird er bei Sätzen wie: ›Aber so ist es doch gewesen. Das habe ich selbst erlebt!‹ disqualifiziert. Mit dieser Haltung schreibt man kein Gedicht, keinen Roman. Damit soll man zu Freunden gehen oder in Talkshows oder Selbsthilfegruppen.«

Ob ein »Ich« im Text auftaucht oder nicht, es ist immer Ergebnis einer Konstruktion. So kann Thomas Hettche auch die Theorie, die hinter Thomas Meineckes Ansatz steht, »sympathisch« sein, wie er in der Diskussion sagte, und es als Schriftsteller trotzdem »viel spannender« finden, »ein Ich zu konstruieren als zu dekonstruieren«.

Polaritäten, Ambivalenzen, Widersprüche werden in den Texten vieler der hier vertretenen Autorinnen und Autoren thematisiert. Bei Thomas Meinecke ist es zum Beispiel die Polarität der Geschlechter: »Mein 1998 erschienener Roman *Tomboy* dreht sich, in durchaus fanmäßiger Haltung zu Butler und ihren Theoremen, genau um die Konstruiertheit aller geschlechtlichen Identität.«

Es ist nicht unbedingt Zufall, ob ein Autor oder eine Autorin eine männliche oder weibliche Hauptfigur wählt. Sibylle Lewitscharoff etwa wählt bewußt männliche Hauptfiguren, wie sie in der Diskussion sagte: »Es ist insofern Absicht, als ich mich bisher davor scheue, weibliche Hauptfiguren zu verwenden, weil da die Selbstzensur eine ungleich größere wäre.«

Die Dominanz weiblicher Figuren in Kathrin Schmidts Roman *Die Gunnar-Lennefsen-Expedition* beruht dagegen eher auf dem eigenen Erfahrungshintergrund. Sie verarbeitet in ihrem Text, anders als Thomas Meinecke, keine feministischen Theorien.

»Ich kann nicht ein und denselben Stil auf die Zeit vor und nach '89/'90 anwenden.« Die Erfahrung des Systemwechsels ist für Ingo Schulze – wie Kathrin Schmidt in der DDR aufgewachsen – für seine literarische Arbeit grundlegend geworden. Seine Bücher wären, schreibt er, »ohne die Erfahrung der Umwandlung eines wie auch immer sozialistischen Systems in ein wie auch immer kapitalistisches System so nicht entstanden«.

»Ich denke, so etwas wie Vergangenheit gibt es eigentlich nicht. Die Vergangenheit ist ja die Gegenwart und auch die Zukunft.« Beim Ineinanderschieben von Vergangenheit, Gegenwart und Zukunft, wie Friederike Kretzen es in der Diskussion beschrieb, wird aus dem Unterschied der Zeiten so etwas wie ein abstrakter Raum: »Kindheit liegt nicht hinter, sondern vor uns.« Ihr jüngster Roman *Ich bin ein Hügel* bringt den Zustand der Pubertät als eigene Form der Wahrnehmung, der Körperempfindung und »Identität« zur Sprache.

Auch für Marcel Beyer ist Erinnerung ein wichtiges Thema, das er mit den medialen Aspekten von »Aufschreibesystemen« (Friedrich Kittler) verknüpft. Sein Roman *Flughunde* legt den Schwerpunkt auf die Stimme und das Hören, verschränkt das Verhältnis von Körper und Sprache mit der Geschichte des Zweiten Weltkriegs.

Der Rolle, die die visuelle Wahrnehmung für sein Schreiben spielt, geht er in seinen »Fantasiethesen« nach. Die Beobachtung, daß Erinnerungsbilder mit zunehmendem zeitlichen Abstand von Farbe ins Schwarzweiße gleiten, bringt er mit der Entwicklung der Medien Fotografie und Film in Verbindung.

Was passiert mit Literatur im Rahmen der gegenwärtigen medialen Veränderungen? Wird sie im Ansturm der neuen Medien noch mehr an den Rand gedrängt, kann sie sich im Spannungsfeld behaupten oder vielleicht gerade darin neu profilieren? Immer wieder auftauchende Kriterien für den Vergleich der Literatur mit anderen Medien sind die Aspekte von Zeit und Geschwindigkeit. Thomas Meinecke geht es beim Schreiben immer um die Gegenwart, um das Jetzt. Da Papier jedoch Zeitlosigkeit suggeriert, versucht er seinen Texten ein Verfallsdatum einzuschreiben. Vergänglichkeit, wie sie zum Beispiel das Radio als Medium zum Ausdruck bringt, will er auch in seinen Texten erkennbar machen.

Anders dagegen Sibylle Lewitscharoff: Sie grenzt das ›langsame‹ Medium Literatur deutlich von anderen Medien ab. In ihren Texten ist wenig aktuelles Zeitgeschehen gespeichert. In der Diskussion begründete sie dies mit dem Hinweis darauf, daß das geglückte Buch länger als 30 Jahre haltbar sein muß. Es ist ihr wichtig, einen Text als fertigen Text herauszugeben. Zu veröffentlichen, was noch im Entstehen ist, wie dies beispielsweise im Internet geschieht, lehnt sie ab.

Gerade darin, daß das Buch die Spuren der Zeit bindet, in der der Text entsteht, sieht Thomas Hettche die Chance der Literatur. In der Diskussion sagte er: »Die Aura des Buchs wird um so stärker werden, je mehr wir mit Hardware umgehen, die flüchtig ist, die alle zwei Jahre neu ist. Nichts wird die Literatur stärker machen als diese neue Aura, die im Buch entstehen wird.«

»Am Ende habe ich eine Geschichte auf dem Papier, die von etwas ganz anderem spricht, als ich gewollt hatte. Der Anlaß verliert sich beim Schreiben.« Am Ende stellt man den Text seinen Leserinnen und Lesern zur Verfügung. Erst sie, so Ingo Schulze, vervollständigen das Buch. Denkt die Autorin, der Autor schon beim Schreiben an das Lese-Publikum? Friederike Kretzen arbeitet, wie sie in der Diskussion sagte, im »Sich-einschließen: Da kann ich gar nicht an das Publikum denken. Das ist woanders.«

Diese extreme Position ist bei Yoko Tawada relativiert. »Die Rezipienten«, schreibt sie zwar, »sind unwichtig für das Schreiben.« Welche Macht sie aber haben, zeigt der Mythos, mit dem Yoko Tawada ihren Essay abschließt.

Denkt man bei der Arbeit schon an die Leserin, den Leser, dann wird aus dem Nacheinander von Schreiben und Lesen eine Gleichzeitigkeit: »Ich sehe das, was ich mache, nicht als Monolog, sondern als Teil eines Dialogs«, sagte Marcel Beyer in der Diskussion. »Es ist mehr so, als würde ich schreiben und währenddessen liest es auch schon jemand. Insofern ist der Leser immer gegenwärtig.«

Ulrike Janssen
Ute-Christine Krupp

Thomas Meinecke
Ich als Text (Extended Version)

1987 befand ich mich als Stipendiat im Literarischen Colloquium Berlin, das im Westen der ehemaligen deutschen Reichshauptstadt lag. Beziehungsweise: liegt; doch dazu später. Die dort logierenden Stipendiaten sollten möglichst aus dem westlichen Teil Deutschlands, der BRD, kommen; unser Stipendium war Bestandteil der groß angelegten, künstlichen kulturellen Beatmung der bereits seit gut vier Jahrzehnten im geographischen wie politischen Abseits liegenden Ex-Metropole. Wir sollten uns eingehend mit dem sogenannten Ausnahmezustand dieses Ortes befassen und, in unsere Heimatstädte zurückgekehrt, möglichst beeindruckend, toll wäre: in Buchform, Zeugnis ablegen. Was ich dann, nach anfänglich heftigem inneren Sträuben, auch brav tat, da mir in der anwesenheitspflichtigen Situation nichts anderes einfiel und ich eigentlich immer über das geschrieben hatte, was mich aktuell umgab, beziehungsweise beschäftigte. Schließlich war und ist meine Devise, mir nie etwas ausdenken zu wollen, niemals in die Lage zu geraten, etwas erfinden zu müssen.

Ich lieferte also eine leicht spleenige Berlin-Erzählung namens *Holz* ab, die 1988 tatsächlich in Buchform erschien; ein Jahr vor der sogenannten Wiedervereinigung, von der 1987 nicht die geringsten Anzeichen wahrzunehmen waren. Und doch schrieb ich, der ich Zeit meines Lebens kein großer Berlin-Verfechter war, meinen

Text in einem ziemlich manierierten, sämtliche Gegenstände auf Distanz haltenden Stil, als berichtete ich von fernen Zuständen, die Jahrzehnte zurücklagen. Schrieb also Floskeln wie: Dort stand die Mauer. Dort befand sich der Todesstreifen. Den anderen Teil Deutschlands nannten wir DDR. Und dergleichen mehr. Alles im Imperfekt. Meinen damaligen Lektor störte das; es war eigentlich der einzige Dissens, den wir, mein Manuskript betreffend, hatten. So könne ich das einfach nicht ausdrücken. Dinge, die mit der Handlung zusammenhingen, durften mit dieser in der sozusagen logischen Vergangenheit des Erzählten verschwinden, die Mauer jedoch nicht. Die zwei Deutschlands nicht. Ich hatte auch gar nichts gegen die geteilte Nation einzuwenden; und doch bestand ich auf meiner distanzierten, ihre Gegenstände spiralförmig umkreisenden Schreibweise, zu der nun einmal ganz zentral auch die Anwendung des Imperfekts auf alles Vorkommende gehörte. Und also setzte ich mich gegen den Lektor durch. In den Feuilletons verrissen wurde das Buch schließlich wegen seiner Ich-Perspektive. Dieses Erzähler-Ich hatte sein halbjähriges Berlin-Stipendium nämlich nicht sinnvoller zu gestalten gewußt, als so stur wie undankbar danach zu trachten, den Regierenden Bürgermeister Diepgen umzubringen. Und dafür seien deutsche Steuergelder, auch in Form von Stipendien, nicht gedacht. Womit ein anderes fatales Problem literarischer Rezeption markiert wäre: Die einfältige Versessenheit des bürgerlichen Feuilletons auf sogenannte Handlung.

1989 fiel die Berliner Mauer dann allen Ernstes, aber in meinem Buch stand nicht: Hier steht die Mauer. Hier verläuft der Todesstreifen. Den östlichen Teil Deutschlands nennen wir die DDR. Sofort befiel mich ein großes nachträgliches Bedauern über meine stilistische Entscheidung; mein Lektor aber mochte aufatmen, daß endlich alles stimmte. So war wie in der Wirklichkeit. Noch pikanter wurde die Lage, als *Holz* als Taschenbuch erneut herauskam, mit 1999 als angegebenem Jahr der Veröffentlichung. Hier stand die Mauer. Der Todesstreifen verlief von hier nach dort. Und so weiter. Im Jahr des Umzugs der Regierung von Bonn nach Berlin. Zehn Jahre nach dem Anschluß der DDR an die BRD. Womit die deutsche Öffentlichkeit grammatisch ja bis heute Schwierigkeiten hat; etwa: Erich Honecker sei der Staatsratsvorsitzende der ehemaligen DDR gewesen. Die groteske Distanziertheit meines Textes schien mir nun an einigen Stellen als die Abgeklärtheit eines über sein Material herrschenden Autors lesbar zu sein. So einer hatte ich aber, bei allem Bekenntnis zum produktiven Mißverständnis, nie sein wollen. Ich einigte mich mit meinem Verlag darüber, daß es auf den ersten Seiten des Buches einen exponierten Hinweis auf das ursprüngliche Erscheinungsjahr dieses Textes geben sollte. Meinen derzeit entstehenden neuen Roman schreibe ich jedenfalls im Präsens.

Eigentlich ist es mir bei allem Schreiben immer schon um die Gegenwart gegangen. Auch in der Reaktion meines ehemaligen Lektors manifestierte sich letzten Endes die Erwartungshaltung vieler Lesender, die davon ausgehen, daß Autoren ihren jeweils aktuellen Erkenntnisstand zu Papier bringen. Sich mit der Leserschaft über ein gemeinsames Jetzt zu verständigen, kann allerdings auch bedeuten: Über die gemeinsame Vergangenheit; und sei es das enthusiastische Anhören einer ABC-Platte im

Popsommer 1982. Was natürlich nicht sonderlich produktiv ist. Auch dazu später mehr. Gleichzeitig gibt es das absolute Jetzt im Text natürlich nicht. Spätestens mit der Abgabe meines Manuskripts ist aus ihm unübersehbar ein Gestern, ein Vorhin, ein Eben geworden. Jüngere Medien wie das Internet täuschen darüber, per elektronischer Geschwindigkeit, allenfalls hinweg. Das Radio dagegen führt uns die Flüchtigkeit des Gehörten sehr deutlich vor Ohren. Dort wird ganz unbeschwert vom Versenden der Texte gesprochen. Und als einer, der schon lange für den Rundfunk arbeitet, war mir dieses Versenden in den Äther, diese offenkundige Vergänglichkeit on the air, immer sehr willkommen. Papier wiederum suggeriert Geduld, ausgedehnteste Zeitläufte, Unvergänglichkeit, Ewigkeit. Nichts für mich. Papier verleitet zu den größten Schweinereien. Und stellt darum natürlich die verlockendste Herausforderung für Schreibende dar. Daß Rainald Goetz' Internet-Tagebuch *Abfall für alle* in nachgereichter Buchform nicht nur auch funktionierte, sondern seine ganze Großartigkeit abermals offenbarte, tröstet mich über das müde Kunsthandwerk jener weitverbreiteten Internet-Literatur hinweg, die von Anfang an nach nichts anderem als ihrer späteren Übernahme aufs hehre Papier schielt.

Beim schriftstellerischen Ansteuern eines Jetzt soll es nicht um das eher journalistische Trugbild einer Aktualität gehen. Vielmehr um das unerreichbare Ideal eines momentanen Festhaltens. Das produktive Paradox des Tagebuchschreibens. Um den schönen Widerspruch eines sozusagen asymptotischen Fixierens, das die geliebte Unzulänglichkeit der Sprache konstruktiv macht. Und sie dabei dekonstruiert. Weshalb sich Jetzt-versessene

Literatur, nennen wir sie mal, für fünfzehn Minuten, Pop-Literatur, selbst deren vom bürgerlichen Lager zur Zeit mit geradezu verzweifelter Heftigkeit geschmähte Spielarten, in ihrem oft kompromißlosen Duktus, Sound und Groove schon einmal wohltuend von der meistens auf Versöhnlichkeit angelegten Erinnerungsarbeit herkömmlicher Erzählliteratur abhebt. Wenn schon erinnern, dann vergegenwärtigen. Geschichten der Gegenwart schreiben. Die Geschichte der Gegenwart schreiben. Die den Prozeß der Geschichtsschreibung reflektiert. Und sogleich ihr Verfallsdatum mit ausstellt. Im doppelten Sinn von ausstellen.

Da das Jetzt keinen genauen Zeitpunkt, sondern eine, sozusagen im Pitch flexible, dynamische Strecke markiert, läßt es sich, um zwei große Schriftsteller zu bemühen, die mich schon sehr früh beeindruckt haben, entweder mit Henry Miller oder mit Andy Warhol fassen. Miller schrieb sinngemäß, er sei dem eigenen Tod immerzu dicht auf den Fersen; eine jede Sekunde sei wie die letzte seines Lebens. Warhol dagegen, jeder Tag sei wie der erste Tag seines Lebens, er habe keinerlei Erinnerung. Warhol natürlich als der größte Popist aller Zeiten. Sein Gottvertrauen auf Wiederholung und Monotonie. Seine revolutionäre Erweiterung europäischer, auf Vergangenheit, Defizit und Trauer basierender Dialektik durch rundum euphorisierende, amerikanische Tautologien, die uns mit Gegenwart, Summe und Gewinn konfrontieren. Darin von Walt Whitman kommend, dem ersten großen amerikanischen Aufzähler. Warhols ästhetische Feststellungen als völlig unironische Beschwörungen der Oberfläche. Von ihm gelernt zu haben, daß die Oberfläche der Kern ist. Wie er, seine Brillo Boxes signierend, die Kopie zum Maßstab für das Original erhob, schließlich der Referenz selbst das Essentielle verlieh.

Dabei vergegenwärtigt Pop durchaus real Vergangenes: Im Zitat. Im Sample. Wobei ein Sample auch Erinnern auslöst. Die Idealvorstellung einiger im Techno-Umfeld operierender Theoretiker, nach der es völlig referenzfreie Samples geben sollte, leuchtet mir nicht ein. Pop, zu dem ich Techno, in gemeinsamer Abgrenzung zu Rock, einmal zählen will, kann gar nicht ohne Referenz Pop sein. Die Musik der grandiosen Detroiter Techno-Formation Drexciya zum Beispiel, mit ihrem afrodiasporisch-submarinen Überbau, ist natürlich alles andere als referenzlos oder gar unpolitisch. Dabei versuchte sogar Andy Warhol, der das Zitat bekanntlich in den produktiven Mittelpunkt seiner Kunst gestellt hat, immer wieder auch auszuloten, wie weit er sich dem Nirwana der Referenzlosigkeit nähern konnte, ohne vollends abstrakt zu werden. Wobei selbst das Abstrakte selbstverständlich eine Abstraktion von etwas Konkretem darstellt. Es gibt von Warhol quasi gegenstandslose Rorschach-Bilder, die aber noch immer auf die Psychologie der Rorschachtests verweisen. Es gibt auf den ersten Blick abstrakt wirkende Bilder, auf denen Warhol die Konturen seines eigenen Schattens zur Darstellung bringt. Und es gibt die gepinkelten Bilder, auf deren Oberfläche der Urinstrahl des Künstlers Linien gezeichnet hat, die nichts direkt Erkennbares ergeben, aber doch, sobald ich von der Technik ihrer Entstehung weiß, zahllose Konnotationen entfesseln. Nicht erst seit Warhol verriet, daß er bereits viele seiner berühmten Portraits durch seinen Urin fixiert hatte.

Techno heißt Text. Das Instrumental lehrt mich schreiben. Es repolitisiert mein Bewußtsein. In einer technoiden Modulation kann ich zur politischen Wirklichkeit finden. Rock dagegen hat keine Textur, kann uns derzeit auch nichts erzählen. Außer vom großen phallologischen Subjekt. Rock will nichts als ejakulieren. Herkömmliche Erzählstrukturen, vor Techno, vor Pop, wollten das oftmals auch: Sie bauten auf marode Spannungsbögen, die Klimax, den Plot auf Seite 200. Schade nur, daß neunzig von hundert Schreibenden noch immer so arbeiten. Und andere, mit denen ich mich zwanzig Jahre lang im bohemistischen, strategisch-ästhetischen Schulterschluß gegen diese wähnte, in einem nur mit der reaktionären Entwicklung des späten Joschka Fischer vergleichbaren fatalen Schub doch noch, wie es immer heißt, erwachsen werden, in der Gesellschaft ankommen und sogleich nach der heroischen Wiedereinführung des autonomen Subjekts, des starken Einzelnen, verlangen. Neulich auf einem Plakat in Berlin gelesen: Die Bühne als Dancefloor. Viel zu früh, den althergebrachten, eines nun wahrlich wohlverdienten Todes gestorbenen Autor wieder auferstehen zu lassen. Keinerlei Veranlassung dazu. Nach wie vor größtes Mißtrauen vor dem angeblichen Genie und seiner sogenannten Eingebung.

Ich will weiterhin, auf absehbare Zeit, womöglich für immer, nicht über mich schreiben, sondern von mir weg. Um mich herum. Distanz markieren. Die Restmenge alles Beschriebenen, das Unbeschriebene, was übrigbleibt, mag dann, meinetwegen, das Subjekt sein. Der Ort, von dem aus gearbeitet wird. Als Restmenge außerhalb meines Textes. Meine prophylaktische Arbeitshypothese bleibt: Das autonome Subjekt ist abgeschafft. Und mit ihm der Autor. Die meisten Zeitgenossen haben es ja ohnehin noch nicht einmal bemerkt. Geschweige denn: begriffen. Keine Spur im kollektiven Bewußtsein vom hybriden Subjekt, kein Common Sense über die Konstruiertheit jeglicher sogenannter Identität. Die progressive politische Arbeit unter dieser Voraussetzung hat gerade erst begonnen. Natürlich ist die Dekonstruktion des Subjekts ein bei weitem langwierigerer, lästigerer Vorgang als dessen flotte Wiedereinsetzung als lauthals tönender Repräsentant bekannter gesellschaftlicher, eigentlich per dekonstruktiver Analyse zu überwindender Zwänge und Verabredungen.

Dekonstruktivismus ist für mich gleichbedeutend mit dekonstruktivem Feminismus, der den Ort der Sprache, das phallologische Zentrum der Macht, pulverisiert, nämlich in seine kleinsten Einzelteile zerlegt. Ich denke, daß diese Arbeit noch lange nicht abzuschließen sein wird. Warum soll sie also voreilig, zugunsten einer untoten essentialistischen Chimäre namens Autonomes Subjekt, abgebrochen werden? Welchen politischen Interessen wird damit letzten Endes gedient? Meinen jedenfalls nicht. Ich finde es besonders fatal, daß sich jene, die von der erneuten Einführung des Subjekts schwärmen, auf ähnliche Feldstudien berufen wie die Dekonstruktivistin Judith Butler. Zum Beispiel auf Transsexuelle. Von denen nun nicht mehr als der dichotom hierarchisierenden Geschlechterordnung Ausgelieferten die Rede ist, die dieses Mißverhältnis symbolisieren, sondern sie werden als starke, aktive Einzelne glorifiziert, welche die ihnen gesellschaftlich auferlegten Zuschreibungen ganz einfach überwinden könnten. So kann sich der beschriebene reaktionäre Paradigmenwechsel ganz unterschwellig durchsetzen: Dasselbe Thema wird von zwei Seiten mit komplett verschiedenen politischen Absichten vorangetrieben.

Mein 1998 erschienener Roman *Tomboy* dreht sich, in durchaus fanmäßiger Haltung zu Butler und ihren Theoremen, genau um die Konstruiertheit aller geschlechtlichen Identität. Seit ich mit ihm herumreise und daraus vorlese, pflegen überwiegend Männer, die sich mit diesem Komplex gar nicht erst auseinandersetzen wollen, einzuwenden, sie hätten gehört, Judith Butler sei doch längst erledigt. Ihre Thesen hätten mit der politischen Realität nichts zu tun. In Amerika werde inzwischen über ganz was anderes geredet. Dabei ist keines der von dekonstruktiven Feministinnen dargelegten Probleme auch nur in die Nähe einer gesellschaftlichen Lösung gelangt. Eine englische, sich als Feministin apostrophierende Autorin versuchte mich kürzlich davon zu überzeugen, daß der ganze Diskurs um die geschlechtliche Identität nichts weiter als das intellektuelle Palaver von Privilegierten sei. Von ihren Tantiemen könne sie sich selbstredend, wenn sie nur wolle, ganz einfach so, einen Penis zulegen. Und ein Mann sein. In Wirklichkeit gehen aber zahllose Transsexuelle auf den Strich und sterben noch vor ihrer verzweifelt anvisierten, ohnedies tragischen, wie es heißt: angleichenden, Operation an AIDS. Nicht selten auf einem Dancefloor namens Bühne.

Wenn ich, mit zwei Plattenspielern und einem Mischpult ausgestattet, öffentlich Schallplatten auflege, habe ich einen bestimmten Pool an Tonträgern, die im Englischen passenderweise Records heißen, mitgebracht, bin mir aber im voraus nicht bewußt, in welcher Reihenfolge sie dann zum Einsatz kommen werden. Ich weiß durchaus, daß sie sich zueinander in logischer Weise verhalten werden, sich zu einer fixen Idee fügen werden, zu einer intelligenten Ordnung, deren sukzessiver Entstehung ich an meinen Reglern gleichsam in teilnehmender Beobachtung beiwohne. Dabei weniger auf die Reaktionen des tanzenden Publikums achtend als auf die Signale, die aus dem Pult kommen. Wann immer es mir möglich ist, lasse ich zwei unterschiedliche Platten synchron laufen, deren Impulse sich erbaulich ineinander verschränken. Spannend daran sind jene Momente, in denen nicht klar auszumachen ist, welches Versatzstück welcher Quelle entstammt. In denen sich vermeintlich Disparates zur Synthese mischt. In denen das Zitat seine Anführungszeichen verliert.

In diversen Abwehrbewegungen gegenüber herrschenden schriftstellerischen Konzepten habe ich gelernt, meine Texte nicht als Autor, sondern gleichsam als Leser zu schreiben. Den Prozeß meines Lesens schriftlich wiederzugeben. Gefundenes Material, das ich nicht einmal richtig verstanden haben muß, über das ich eben nicht Herr und Meister bin, durch mich hindurchfließen zu lassen. Und an andere Lesende weiterzureichen. Das Komplizierte als kompliziert abzubilden. Das Konstruierte als konstruiert. Das Buch sozusagen mich schreiben zu lassen. Es auch mal klüger als den Verfasser sein zu lassen. Den Autor, das vermeintliche Subjekt, zum Objekt werden zu lassen. Ich als Text. Grenzenloses Grauen vor der originellen Idee. So sitze ich also an meinem Arbeitsplatz, zwischen Türmen von Büchern, die auch Records sind, und ziehe mir nacheinander, der musikalischen Logik eines DJ Sets folgend, meine Materialien heraus. Natürlich will ich genauso etwas erzählen, wie ein guter Diskjockey eine Erzählung liefert. Und versuche meistens auch, das Auseinanderlaufen der Platten zu vermeiden; obwohl gerade das hin und wieder ein mir hochwillkommener Effekt sein kann: Die Sprache des Schriftstellers, wie im Slapstick Movie, auf die Fresse fallen zu sehen. Lasse ich darum immer wieder auch gern zu. Ich will definitiv etwas ganz anderes erzählen als ein Rocker und dulde deshalb auch keine narrativen Ablenkungsmanöver wie Handlung, Spannungsbogen und Klimax, keinen Anfang und kein Ende, keine Auf- oder gar Erlösung, sondern versuche, was ich in Techno wiederfinde, eine so differenziert wie möglich modulierte Strecke Text herzustellen. Der sich eben nicht souverän mit Pop beschäftigt, sondern vielmehr selbst Pop ist. Dynamisch, hypnotisch, diskursiv: A Record. Disco, House und Techno DJs haben mein Schreiben so sehr beflügelt wie die Beat Generation durch das beseelt dekonstruktive Altsaxophon-Spiel Charlie Parkers beeinflußt worden sein mag.

Schon Hubert Fichte war Pop; er nahm sogar eine Live LP im Star Club auf. Rolf Dieter Brinkmann war Pop. Und viele Bücher, die damals im März Verlag erschienen. Pop-Literatur als solche aber gibt es nicht. Es gibt auch nicht Pop als Bewegung. Allenfalls als Haltung. Pop ist kein Ganzes, das sich, etwa auf die penetranten Zuschreibungen hin, die ihm widerfahren, strategisch verhalten könnte. Sich gegen diese wehren könnte. Um es mit Rainald Goetz zu sagen: Pop hat kein Problem. Selbst dann nicht, wenn Tony Blair plötzlich Pop sein will. Ich denke, daß Pop sich aus unzähligen schnellen, schwer berechenbaren, von außen chaotisch und, wie immer wieder zu hören ist, beliebig wirkenden Einzelprozessen zusammensetzt. Deshalb darf Pop auch kein Manifest haben. Pop ist eine Praxis. Ein Mittel. Ein analytisches Verfahren, mit vorgefundenen Oberflächen auf politisch produktive Weise umgehen zu können. Eine Wahrnehmungstechnik. Pop ist Lesen. Diagnose, aber nicht Prognose. Nicht Wissen, sondern Fragen. Im standardisierten Koordinatensystem: Nicht maskulin, sondern feminin. Dabei ein allen zugänglicher Code. Und ausgesprochen selbstreferentiell.

Deshalb ist, wer sich mit Pop beschäftigt, anfällig für allerlei nostalgische Regungen. Die sozialen Gefahren im Umgang mit Pop liegen weniger in seinen berüchtigten Ausschlußmechanismen begründet, sondern in deren Gegenteil: der voreiligen, meistens den um die 30 herum einsetzenden Prozeß rasant fortschreitenden Alterns markierenden, sich pathetisch von aller Gegenwart verabschiedenden, zutiefst sentimentalen Verständigung über dereinst gemeinsam Erlebtes; die geheiligte Pop-Sozialisation. Dieser Prozeß kann nur dann selbst wieder Pop werden, wenn er radikal nach vorn gewandt wird, etwas Neues postuliert, oder, wie es Roxy Music 1972 auf nie zuvor dagewesene, nicht anders als postmodern zu bezeichnende Weise leisteten, gleich einen ganz neuen Bastard kalbt: Re-Make / Re-Model. Entsprechend innovativ verfuhr der Kölner Wolfgang Voigt in den neunziger Jahren des zwanzigsten Jahrhunderts mit Polkas, T Rex und Juliane Werding. Pop interessiert sich zwar für das Populäre, doch Pop muß nicht selbst populär sein. Deshalb sind so viele als Pop-Literatur gekennzeichnete, dem selbstbefriedigenden, rückwärtsgewandten Erinnerungsgestus anheimgefallenen Texte nicht selber Pop, sondern, im denkbar muffigsten Sinn, Verständigungstexte. Die neue Mitte.

Sibylle Lewitscharoff
Siebenundzwanzig Fragen

Siebenundzwanzig Fragen, die mir sonst niemand stellt, will ich mir heute einmal selbst stellen. Eins sage ich vorweg: Ich liebe meinen Vornamen nicht, den Vaternamen dagegen sehr. In Lewitscharoff sind enthalten das Levitenlesen, der Schlaffittich und der Witsch. Das Ganze endigt auf o-Doppel-f, die jeden, der sich gern in Handschrift übt, zu zwei hochschießenden Aufschwüngen und zwei ebenso tief hinabschießenden Strichzügen verlocken. Ich gehöre zu den Leuten, die aus dem Mittagsschlaf schwer aufzuwecken sind, viel lesen und nur hin und wieder schreiben. Nicht immer ein dankbares Geschäft, wie ich Ihnen versichern kann. Weil es Vergnügen bereitet und zugleich zäh ist. Weil es heikel ist. Weil der Plan hoch hinauswill, und das Ergebnis ihn niemals erreicht. Wie sieht dieses nicht immer dankbare Geschäft aus der Nähe betrachtet aus?

Beim ersten Versuch wird ein Blatt zu vielleicht drei Vierteln voll, und zwar mit Hilfe einer Maschine aus Metall von 1939. Sie heißt Erika, sie ist schwarz und hat eine Unterlage aus rotem Filz.

Beim zweiten Versuch wird auf einem neuen Blatt alles umgeordnet und ein klein wenig verlängert, vielleicht, wenn alles gut geht, eine sechs Sätze lange Verlängerung, auf die ich sehr stolz bin. Würde nur etwas vom Temperament eines Faulkner, Cheever, Hemingway in mir glimmen, ich würde mir jetzt einen Whisky genehmigen.

Beim dritten Versuch wird die Tölpelei dieser sich schon zum Typoskript aufschwellen wollenden Blätter erkannt.

Schön wäre es, in schlanken Kurven und mit fliegenden Strichen frei herauszuschreiben, was aus dem Kopf soll. Wer seinen Text kräftig liebhat, dem wird gleich unbeschreiblich wohl. Der vierte Versuch fingerübt auf einem Zettel mit mehr Kraft und Ausdauer, die schon hatten für verlorengegangen gehalten werden müssen, etwas Längeres hin.

Beim fünften Versuch wird alles zutraulich versammelt und ein bißchen gepreßt.

Der sechste Versuch erregt Übelkeit.

Beim siebten kehrt Ruhe ein.

Alles weitere können Sie sich denken.

Jetzt ist der Zeitpunkt für eine Reihe von Fragen gekommen.

Gibt es eine Kleidervorschrift beim Schreiben?

Jawohl, es gibt sie. Man trage beim Schreiben ein Amtskleid. In meinem Fall ist es schwarzgrau gemustert und hat vorne ärmelschonerhafte Verlängerungen. Man kleide sich nicht zu salopp, sonst schwätzt man bald daher wie jemand, der, die Beine hoch, vor sich hintelephoniert, und so ein Telephongeschwätz sollte man besser nicht aufschreiben. Das Amtskleid darf nicht die Behendigkeit des Handgelenks lähmen, aber es soll das Handgelenk wärmen. In seinem für das Schreiben angelegten Amtskleid zeige man sich besser niemand sonst. Es muß ja nicht schön sein, dieses Kleid, ja, es darf sogar hie und da ein wenig verschabt sein. Personen, die beim Schreiben herumschmutzen – ich gehöre nicht zu ihnen –, sollten vorsichtshalber eine Schürze anlegen.

Helfen beim Schreiben geistige Getränke?

Hier antworte ich inbrünstig mit Ja!, obwohl ich solche nie zu mir nehme.

Helfen beim Schreiben Zigaretten?

Ich glaube ja, obwohl ich dabei nie welche rauche.

Hilft Schokolade?

Thomas Mann soll sie manchmal geholfen haben. Ich glaube aber an alles, was Kafka getan hat, und der raspelte hin und wieder eine Nuß.

Hält das Schreiben irgendeine, und sei es noch so geringe Verbindung zu Gott?

Ja.

Und was soll das für eine Verbindung sein?

Da ist ein hauchdünner Faden, der langt hoch hinauf und langt hinunter, bis zu der Stelle, an der das eigene Rückgrat endigt. Er ist aber nicht nur hauchdünn, dieser Faden, sondern auch unsichtbar und hat über hundert Stellen, an denen er gerissen ist. Merkwürdigerweise benehmen sich die Fadenstücke noch so, als wären sie ein ganzer zusammenhängender Faden, es ist also eine Art geschauspielerte Verbindung, die nach unten hängt und nach oben sich streckt.

Gibt es nicht weniger dünne, weniger fadenscheinige Verbindungen zwischen Gott und der Schrift?

Jawohl. Mindestens drei. Wir lesen von Gott in einem vor lauter Schriftzeichen förmlich schwarz gewordenen Buch. Dann ist die Natur selbst das Buch, in dem wir lesend vielleicht auf die eine oder andere göttliche Schliche kommen. Nicht zu vergessen das sogenannte Große Buch. Früher hat man es sich vorgestellt als über dem himmlischen Jerusalem schwebend. In ihm sind alle Menschen, ihre Taten, alle ihre Gedanken bis in die feinsten Unterabteilungen, die eigentlich nur Schatten eines Gedankenschattens sind, verzeichnet. Ein Buch, das sich mit unwahrscheinlicher Geschwindigkeit von selbst fortschreibt. Es schwindelt einen, wenn man an die Masse von Material denkt, die da erfaßt und komponiert werden muß – gottlob gilt als unwahrscheinlich, daß die nach Zahl ihrer Köpfe riesigen Heidenvölker eine ebenso akribische Aufnahme darin finden. Geht's ans Gericht, braucht der, durch dessen Macht es sich von selber schreibt, bloß mit dem Finger hineinzufahren, schon hat er die Stelle, und der verzeichnete Mensch wird im Nu eingeschätzt.

Bist du, wenn wir die grämlichen Gründe einmal weglassen, die auch dazu geführt haben mögen, vielleicht so gerne Buchhalter geworden, weil dein kindischer Ordnungssinn im Geschäftsleben das nachzuahmen sucht, was dir da oben so imponiert?

Ja. Aber die Nachahmung bewegt sich auf einem winzigen, leicht einzuhegenden Gelände. Eine Buchhaltung wuchert nicht Tag und Nacht fort. Jeden Frühling kommt ihr letztelftes Jahr auf den Müll.

Jetzt eine sehr ernste Frage. Darf man über Menschen schreiben, die man kennt, und die, zugespitzte Schwierigkeit, noch leben?

Man darf es eher nicht, es hat auf jeden Fall etwas Bösartiges. Man gibt einem lebenden Menschen seinen fix und fertig beurteilten Schriftzwilling an die Seite, der unter den scharfen Augen des Publikums Verbindung mit ihm aufnimmt. Es sind aber zwei glänzende Romane dabei herausgekommen, nämlich *Auf der Suche nach der verlorenen Zeit* und *Holzfällen.* Vielleicht sollte es nur alle hundert Jahre jemand tun dürfen unter noch zu findenden besonderen Vorsichtsmaßregeln, welche es allen anderen, die nur herumstümpem, weil ihr Herz nicht melancholisch genug ist für so etwas Heikles, Delikates, verbieten. Über Personen, die einen öffentlichen Namen haben und die diesen gern öffentlich haben, darf man natürlich schreiben.

Darf man über sich selber schreiben?

Ja, man tut es sowieso. Es sind aber Geruchsprobleme damit verbunden, auf die ich hier nicht näher eingehen möchte.

Was ist mit dem Leser?

Leser sind Halunken. Sie lesen mal dies, gucken bißchen fern, lesen mal das und gucken wieder bißchen fern. Man kann sich nicht auf sie verlassen. Dem zeitgleichen Leser Kurzweil zu verschaffen ist nicht allzu schwer. Um auf Leser Eindruck zu machen, die noch nicht geboren sind, muß man ganz andere Kunststücke vollbringen. Am schwierigsten ist es – und die kleinste Schwierigkeit ist noch dabei, daß man dazu fest an die Auferstehung glauben muß –, die sehr wählerischen gestorbenen Leser zu beeindrucken, zum Beispiel die von mir so geliebten Leser zwischen 1820 und 1920, unter denen sich viele ausgezeichnete Briefschreiber befanden.

Und was für eine Art Leser bist du?

Ich bin der vorbildliche Leser. Ich halte einmal liebgewonnenen Schriftstellern die Treue durch dick und dünn, liebe sie stark und unbeirrt, übe Nachsicht gegenüber ihren Schwächen, fahre regelmäßig mit dem Handrücken über ihre Bücher, hüpfe über ihren gelungenen Sätzen vor Freude aus dem Bett.

Na, dann zähle bitte einmal deine Lieblinge her!

Kafka, wer sonst! Robert Walser, Thomas Bernhard, Marieluise Fleißer, Beckett und ganz besonders den Beckettschen *Verwaiser*; Kafka natürlich immer wieder frisch, wenn er zum Beispiel als *Kübelreiter* ins Zimmer schneit; natürlich Kleist, Brentano, Carson McCullers,

Charles Simic, Walker Percy, John Cheever, Herzmanowsky-Orlando, Doderer, Proust, Nabokov, Christine Lavant, Gerald Manley Hopkins, Felicitas Hoppe, Reinhard Lettau, Paul Nizon, Ossip Mandelstam, Andrej Platonov, Francis Ponge, Henri Michaux, Edward Lear, Lewis Carroll...

Was ist mit der Bibel?

Eine Liebe und auch wieder Nicht-Liebe. Kafka ersetzt sie vollkommen.

Darf man über andere Schriftsteller etwas Schlechtes sagen?

Nabokov durfte seine *Deutlichen Worte* in aller Öffentlichkeit sagen. Ich darf es nicht, weil ich kein über alle Zweifel erhabenes Buch geschrieben habe. Sollte mir je ein solches Buch gelingen, worüber leider auch keine über jeden Zweifel erhabene Sicherheit besteht, dann dürfte ich natürlich auch deutliche Worte sagen, glaube aber, daß ich dann so gutmütig lieb und dumm würde, daß mir keine rechten mehr einfielen. Im Wirtshaus darf man natürlich allerhand sagen. Kritiker dürften aber mehr sagen, als sie sich gemeinhin trauen zu sagen. Warum nehmen sie sich zum Beispiel nicht einmal die Frisuren von Dichtern vor, warum gucken sie nicht genauer hin, wie so ein Dichter die Zunge herumbalgt, als wäre sie ein Fleischkloß, den er sich, übereilig in seiner Gier, in den Mund gestopft hat? Es wird auch zuwenig darauf gehört, was die Leute beim Vorlesen mit ihrem Speichel machen. Es gäbe so allerhand, was einem Kritiker auffallen müßte. Die Engländer sind da kecker. Von Edith Sitwell – ein vorher vergessener Liebling – wurde behauptet, sie habe kein Haar und trage, um den Mangel zu verdecken, einen Kaffeewärmer auf ihrem Schädel. Man hat dann in Bemerkungen gewetteifert, was da wohl alles warmgehalten und ausgebrütet werde. Ich finde das lustig, und die bezaubernde Edith, nicht faul, hieb und stach nach Kräften zurück. Zimperliche Dichter, zimperliche Kritiker haben in der Öffentlichkeit nichts zu suchen.

Gibt es eine ideale Lage, einen idealen Ort, in der oder an dem sich der Schriftsteller befinden muß, damit sich Sätze einstellen?

Ja, das Bett. Im Bett fängt man sehr gut die knapp über dem Boden schwebenden Sätze ein. Das Bett darf also nicht zu hoch sein. Es darf aber auch nicht zu tief sein, sonst ersticken einen die Sätze. Das Sitzen ist weniger zu empfehlen. In der mittleren Höhe, wo sich beim Sitzen der Kopf befindet, streichen so gut wie überhaupt keine Sätze herum. Großartig ist es dagegen beim Gehen im Freien. Hier durchqueren den Kopf ganze Romane, die Wörter haben aber den Nachteil, daß sie weniger haftend sind als die Bettwörter. Sätze im Freien sind von ungeahnter Duftigkeit und Frivolität, sie streichen so schnell durch den Kopf, daß sie das Gedächtnis kaum berühren.

Hier muß ich nun einen Exkurs einschalten, und zwar den Exkurs: Lob der Katze, Lob des Hundes! Hunde, so sie den Spaziergänger begleiten, sind erstklassige Satzaufstöberer. Wenn sie durchs Gebüsch zischen, jagen sie ganze Schwärme von Sätzen hoch, und man steht in ihnen beglückt wie in einer Wolke. Ihrer begeisterten Nase folgt man gern, ist gleich selbst ein wenig jagdlich gestimmt und plötzlich geistesscharf genug, einen prächtigen Satz zu fangen. Die Katze ist natürlich eher ein Bettgeschöpf und als solches den Bettsätzen näher. Nirgends finden sich so schmiegsame, wohlig schlummernde Sätze als rund um eine Katze. Von Katzen erzeugte Sätze blinzeln den Leser in überirdischer Schönheit an. Ein einzelnes Sträubehaar in einem Katzensatz kündet von Gefahr. Es ist nicht genügend erforscht, welche Meistersätze wir welchen Katzen verdanken, wohlgemerkt, ich spreche hier von Sätzen, aus denen die Katzenmuse selbst vollkommen verschwunden ist.

Sport, der von mir nicht ausgeübt wird, ist völlig satzlos. Flugzeugfliegen ist satzarm. Fahren im ICE ist satzarm. Autofahren ist satzarm, mit Ausnahme vielleicht das Fahren in einer alten Citroên-Limousine nachts auf freier Strecke mit einem gutgekleideten, schweigsamen Herrn am Volant.

Auch wenn es auf den ersten Blick etwas vom Thema wegführt, möchte ich noch fragen: Wie sieht der ideale Mensch im Bett aus?

Er hat ein sauberes Bettgewand an, welches geknöpft ist bis unter das Kinn. Der oberste Knopf darf aber den eher noch jugendlichen Hals nicht bedrücken. Der ideale Bettbewohner hat natürlich auch noch kein Doppelkinn. Er hat sein Kissen aufgeklopft, es in der Mitte geknickt und verdoppelt, und darauf ruht nun sein schöner Kopf, die niemals ganz kurzen Haare wallen über das Kissen. Eine freundliche Lampe ist neben seinem Bett angeknipst, und nun langt der ideale Bettbewohner nach einem Buch. Wir machen leis die Türe zu und lassen ihn in Ruhe.

Soll man über Sex schreiben?

Nein. Thomas Bernhard hat es nie getan und dabei ein höchst vitales Werk geschaffen. Kafka, der natürlich auch hier der Maßstab ist, hat an Blusen ohne Inhalt herumgefingert, und das Wälzen von *Frieda* und *K.* in der Bierpfütze ist eher ein Verknäueln von Gespenstern als von Körpern. *Brunelda* wiederum, die femme énorme aus dem *Verschollenen*, hat ein üppig quellendes Witzfleisch, auf dessen dunstiger Oberfläche Sexgedanken in alle Winde verfliegen. Bei Beckett kommt Sex zwar vor, aber es sind merkwürdig mürbe Knochen im Spiel, denen man nicht so recht zutraut, daß da auch Fleisch sei. In seinen Hörspielen bevorzugte er einen englischen Schauspieler mit einer Stimmritze aus Pergament und einer Brust aus dürrem Laub. Im übrigen interessierte sich Beckett für Körperöffnungen und besonders für gewisse Scherereien mit dem Anus. Die Löcher wollen Gott verlocken, dreinzufahren und sie mit Anwesenheit zu füllen, darauf wird gewartet, und darüber machte Beckett knappe, erstklassige Scherze.

Sollen sich Schriftsteller mit Kindern abgeben?

Nein. Das Kind ist der geborene Feind des Schriftstellers. Neben einem Kind leidet der Schriftsteller Qualen. Es sind gierige Satzfresser, diese Kinder. Sie wollen unentwegt gelobt werden. Führen sie den Löffel zum Mund, wollen sie gelobt werden, machen sie einen Strich aufs Papier, wollen sie gelobt werden, mit ihren durchdringenden Stimmchen fordern sie einen von weit her dazu auf, sie zu loben, wenn sie einen Meter weit rennen. Der Schriftsteller steht ziemlich dumm daneben. Er, der die ganze Zeit über gehofft hatte, die Eltern des Kindes würden ihn für sein neues Buch loben, wenigstens für ein Kapitelchen oder ein ganz kleines Abschnittchen daraus oder einen besonders schönen Satz, den sie aufmerksam gelesen und sich gemerkt hätten, trifft hier auf seinen giftigsten Konkurrenten. Ich gebe aber zu, daß mir einmal ein Kind zu Sätzen verholfen hat. Es war ein ägyptisches Kind, vielleicht sechs Jahre alt, staubig und mit verfitzten Zöpfen stand es mitten in einem Dorf, sagte nichts, das Gesicht schön anzusehen, aber die Augen leer, mit dem Ausdruck der töricht Entrückten. Auch um die rosenfarbenen Mongoloiden ist manchmal eine besondere Satzanmut, wenn sie zum Beispiel einen Schritt tun und dabei das Bein mustern. Ich stelle mir vor, daß Walker Percy, der in seinem *Kinogeher* gewiß den sanftmütigsten Helden dieses Jahrhunderts erfunden hat, beim Schreiben dem Zauber eines kleinen Mongoloiden verfallen war.

Braucht ein Schriftsteller Freunde?

Ja. Hier ist aber der Unterschied zu berücksichtigen, ob es sich um einen Mann oder eine Frau handelt. Der Mann hat es besser. Wenn er schlau ist, sucht er sich schweigsame Freunde. Sie sitzen zu dritt im Wirtshaus, trinken was, erzählen sich wenig, lassen alles stehen, wie es ist, und laufen wieder auseinander. Der Mann schreibt am nächsten Tag fünf, wenn nicht sechs Seiten und bestellt seine Freunde für den Abend wieder ins Wirtshaus. Die Frau sitzt mit ihren Freundinnen auch im Wirtshaus, sie erzählen sich alles, lachen sich schlapp und gehen vergnügt nach Hause. Während der nächsten drei Tage hat die Frau alle Sätze verloren, sie schafft am vierten Tag, und da muß sie noch Glück haben, eine kümmerliche halbe Seite.

Sind Werke denkbar, in denen Menschen gar nicht vorkommen, und sind solche überhaupt zu begrüßen?

Ja, es gibt diese Werke. Sie sind schwer zu schreiben, und man kann sie nicht hoch genug bewundern. Francis Ponge hat fast menschenfreie Bücher geschrieben, er hat sich aber auch nicht blindlings auf die Tiere gestürzt und diese als Menschenersatz ins Werk gesetzt. Man lese das *Kiefernwäldchen,* man lese den *Kieselstein,* man lese die *Auster* und wird auf ein seltenes Glück treffen.

Wieviel Prozent von dem, was dir durch den Kopf geht, schreibst du auch auf?

Gewiß einen sehr geringen Prozentsatz, vielleicht ist es nur ein Prozent. Ich schreibe aber auch fortwährend Dinge auf, an die ich gar nicht gedacht habe.

Muß ein Schriftsteller erst gestorben sein, damit wir sein Werk genau, das heißt mit der Feinwaage, beurteilen können?

Ja. Solange er lebt, ist alles offen. Vielleicht kommt noch ein Buch voller Kraft und Schönheit, und wir sehen frühere Werke, an denen wir etwas zu mäkeln hatten, in einem neuen Glanz. Oder es kommen dumme Bücher und abgeschmackte Äußerungen, die auf einen Schlag alles Frühere unter sich begraben, was einmal Sympathie und Leidenschaft geweckt hatte.

Muß man wissen, in welchem Alter und woran ein Schriftsteller gestorben ist?

Ja, wir wollen das von jedem Menschen wissen, der uns interessiert. Oft sind in den Schriften Winke zu finden, die auf unheimliche Weise die Todesart vorwegnehmen. Ich denke zum Beispiel an Franz Rosenzweigs *Büchlein vom gesunden und kranken Menschenverstand.* Ohne daß wir genau wüßten weshalb, wirft der Tod ein Licht auf das, was geschrieben steht.

Ist es günstig, wenn ein Schriftsteller gesund ist?

Nein. Zumindest nicht heutzutage. Uns, die wir an allem genug haben, muß wenigstens der Körper zwikken. Die erzgesunden Amerikaner haben sich freiwillig durch Alkohol zerrüttet. Man muß aber nicht ganz so radikal vorgehen. Die Krankheit sollte vielleicht eher eine dezente Begleiterin sein. Eine geradezu ideale Krankheit ist die Migräne, eine reine Theaterkrankheit, die momentan verwüstet und davonrauscht, ohne Spuren zu hinterlassen. Der Migräne-Befallene wird in einen Sumpf von Schuld und Ekel gestoßen, aus dem er wie Phönix aus der Asche wieder auftaucht. Außerdem hat im Anfall eine hochprozentige Materialverwirblung stattgefunden, ein Assoziationsbeschuß aus allen Rohren. Wer davon etwas retten kann, ist fein heraus.

Gibt es das vollkommene Buch?

Es gibt vollkommene Texte. Ein vollkommener Text tupft das Herz an und läßt im Kopf feurige Partikel schwirren. Erst wenn wir ihn weggelegt haben, manchmal Tage danach, erlangt er seine Vollkommenheit. Er begleitet uns von nun an unauffällig. Ziehen wir ihn aus seinem Geisteswinkel, scheint er jedesmal heller auf.

Zum vollkommenen Buch gehört aber der vollkommene Text in vollkommener äußerer Gestalt. Was die äußere Gestalt anbelangt, so hat dazu Tschichold das Notwendige gesagt. Für mich ist es ein Buch, das ich noch nicht kenne. Wie der Hasenbalg vorm Windhund schwebt es in einigem Abstand immer vor mir her. Derzeit schwebt es in folgender Form vor mir her, und dazu muß ich Ihnen eine kleine wahre Geschichte erzählen:

Es war einmal ein Mann, klein, dürr, bebrillt. In den dreißiger, vierziger und fünfziger Jahren dieses Jahrhunderts ist er durch die Welt gelaufen, durch Asien, Afrika, Amerika, Europa. Er hatte eine Pelerine um, ein selbstgenähtes Zelt mit vielen inwendigen Taschen. In diesen sammelte er Stoffstücke aus den Gegenden, durch die er kam. Stoffstücke mit aufgemalten, gestickten oder gewebten Mustern. Der Mann hatte ein sagenhaftes Gedächtnis für Muster und konnte noch das entlegenste Fragment, das er in einem Museum gesehen hatte, mit dem Stückchen in Verbindung bringen, das sich in seiner Tasche befand. Als er alt war und nicht mehr so weit laufen konnte, saß er auf einem riesigen Stoffmusterschatz. Er schrieb zu jedem Stück einen Text in seiner Mückenhandschrift, und in Zeichnungen verlängerte er die Muster über die vorhandenen Bruchstücke hinaus. Kurz bevor er starb, fand sich ein amerikanischer Milliardär, der ihm auf dem Totenbett versprach, sich der Sammlung anzunehmen. Der Milliardär wendete persönlich über zehn Jahre an die versprochene Aufgabe und publizierte die Sammlung in fünf luxuriösen Bänden, die es jedoch niemals auf dem Markt zu kaufen gab. Sie wurden an Kenner, Freunde und Museen verschenkt. Von ihrer Schönheit hat mir jemand mit großen Augen erzählt, und sein Gesicht glühte, und sein Finger zitterte, und auf seiner Oberlippe sammelte sich ein Schweißtropfen, als er mir einige Seiten daraus zu beschreiben suchte. Gewiß sind es die schönsten Bücher auf der Welt, zumindest solange ich sie noch nicht zu Gesicht bekommen habe.

Thomas Hettche
Nowa Huta

I

Die E 40 zwischen Görlitz und Nowa Huta wird auf polnischer Seite nur sporadisch zweispurig. Von Baustelle zu Baustelle ist das Land, durch das sie führt, überall aufgerissen und gesäumt von Supermärkten, provisorischen Tankstellen und Imbißbuden. Blockhäuser stehen dicht an die Leitplanken heran, halb versunken in der Erde, zerbrochen die feingliedrigen Holzlattenzäune und die gedrechselten Pfosten alter Veranden. Einspännige Pferdefuhrwerke, wie ich sie nur aus den Führerscheinfragebögen kannte, zockelten auf weichen LKW-Pneus plötzlich gleichauf, dann verschwand das Bauerngesicht sehr schnell in der rechten unteren Ecke des Rückspiegels. In jedem schattigen Graben noch der scharfkantig in Meterhöhe abrasierte Winterschnee. Dazwischen an den wenigen Abfahrten immer wieder kleine Gruppen leicht bekleideter und sehr weißhäutiger Frauen, die winkten.

Es gelang mir einfach nicht, die Verkehrszeichen anders als ihre eigenen Abbildungen in Kinderbüchern zu betrachten. Es flackern die Zeichen. Längst ist die unheimliche Tektonik der medialen Kontinente überdeutlich spürbar, jene tiefdunkel knirschende Verschiebung der kulturellen Koordinaten, die uns alle erfaßt. Was der Literatur zum Jahrhundertende erneut eine besondere Brisanz gibt, denn wie stets noch sind Bücher jene Glasscherben, die man in die Spalten der schon zermürbten

Mauern gipst, um zu sehen, ob sie weiter reißen und wo. Mit den neuen Romanen von Thomas Pynchon und Brett Easton Ellis machte man im Literatur-Herbst 1999 nicht zufällig zwei Bücher zu Lackmuspapieren der Gegenwart, die bis vor kurzem wohl nur als postmoderne Spielereien und Steckenpferde verbildeter Literaturliebhaber zur Kenntnis genommen worden wären. Und auch, daß Rainald Goetz in diesem Jahr plötzlich für die Feuilletons vom skandalverdächtigen Pop-Literaten zum wichtigen Konzeptionalisten unseres medialen Alltags wurde, ist symptomatisch. Etwas hat sich grundsätzlich verschoben.

So ist beispielsweise das ebenfalls in diesem Herbst erschienene Kompendium *Bildung* von Dietrich Schwanitz nicht deshalb lächerlich, weil es voller Fehler und angelesener Irrtümer hinsichtlich eines Wissens ist, über das der Autor ersichtlich selbst nicht mehr gebietet, sondern weil die Idee eines Kanons mit einemmal selbst so unterkomplex und lächerlich erscheint. Viel wichtiger scheint mir in unserer Zeit der Vernetzung ein Hinweis, wie ich ihn in einer Kritik zu *Mason & Dixon* las. Thomas Pynchon sei in Glen Cove geboren, das wiederum in Kubricks *Eyes Wide Shut* als Straßenschild während der nächtlichen Autofahrt auf Long Island kurz durch's Bild husche, lese ich und sehe für einen Augenblick tatsächlich jenes Hinweisschild wieder im Scheinwerferlicht, das ich vergessen hatte. *So what?* Die Möglichkeit, daß solch ein Bild-Tropfen in mein Denken eingespeist wird, bezeichnet genau jene Veränderung von literarischer Öffentlichkeit und von Literatur selbst, die dieser Text zu beschreiben versucht.

Zunächst einmal trägt die Möblierung des literarischen Raums für mich erkenntlich endlich nicht mehr die Signatur einer anderen Generation. Es findet erstmals die unterschiedliche Medienpraxis meines eigenen Alltags ihren Ort, die Diskurspluralität meines Wissens und meine aus den populären Fernsehmythen der Kindheit gespeisten Sehnsüchte. Was ganz konkret bedeutet, daß ich endlich Corino, Karasek und Hamm und Hage nicht mehr lesen muß. Endlich wird Philip Roth nur noch irgendwo en passant abgehandelt und auch Günter Grass lenkt mich nur für einen Sondersendungsabend lang von Wichtigerem ab. Der Generationenwechsel ist vollzogen.

In einem ersten Reflex darauf haben sich ästhetische Positionen und technologische Entwicklung auf eine neue Weise verschränkt, die jahrelange Erstarrungen der literarischen Szene mit einemmal beendet hat. Noch während ich im letzten Jahrtausendjahr eine Weile in Krakau lebte und von dort aus die literarische Online-Anthologie NULL im DuMontverlag herausgab, entstanden mit *Pool* und dem *Forum der Dreizehn* zwei weitere Orte im Internet, an denen Autoren miteinander sprechen, mitunter sogar debattieren, ohne daß noch jemand dies mit den altbekannten Örtlichkeiten literarischer Öffentlichkeit wie denen der Gruppe 47 in Verbindung brächte. Denn auch – und das führt zurück zum Hinweis auf jenes Hinweisschild zu Pynchon, das dank *Eyes wide shut* durch meine Erinnerung huscht – die Plätze der realen Anwesenheit verändern ihre Bedeutung und werden im selben Maß zu imaginären, wie die Schwerkraft der virtuellen wächst. In Krakau erfuhr ich zum ersten Mal von einem Krieg aus dem Internet.

Also: Krakau. Vor allem verwunderte mich das Hundegebell. Von überall her und vor allem gegen Abend Hundegebell so laut, wie ich es von den Rändern deutscher Städte nicht kannte. Nachts schlug oft unvermittelt eine ganze Meute an. Und wenn ich zu Anfang dann aufstand und zum Fenster hinaussah, erschreckte mich das völlige Dunkel tatsächlich ein wenig. Das Licht der wenigen Gaslaternen trug nicht weit. Halbmeterbreite Spuren ausgegossenen Teers, der in Placken über das Gras gesuppt und um die Wurzeln der Bäume erstarrt sein muß, bilden die Wege des Parks, die mich am Tage von meinem Schreibtisch aus immer an jene Bahnen denken ließen, die Fußgänger im Winterschnee auf leeren Plätzen ziehen. Immerzu gradlinige und kürzeste Verbindungen, deren Häufung gleichwohl ein seltsam wahnsinniges Gespinst ergibt. Außerdem Parkbänke aller Stilrichtungen, unzählige Sockel gefällter Statuen, ein versiegter Bach, ein hellblau gekachelter Teich, verrostete Teppichstangen, eine hölzerne, recht neue Spielplatzmöblierung. Es roch nach offenem Feuer. In den Gärten rundum verbrannte man Ende März wohl das taube Holz.

II

Das berühmte und weltweit einzig erhaltene Exemplar eines eiszeitlichen Wollnashorns im Naturkundemuseum in Krakau ist eine Enttäuschung. Es hat kein einziges Haar an seinem hinterm Glas der Vitrine wie schwarzes Plastik schimmenden Leib. Nur in einer kleinen Vitrine wird ein winziges Stück Fell ausgestellt, das sehr an den Überrest eines angeschmutzen Autobezuges erinnert. Die Bedeutung von Wörtern fremder Sprache nicht einmal raten zu können, ist wie ständig verstopfte Ohren. *Antikvariat* und *Apteka* verstand ich, doch ansonsten ging ich taub herum. Noch weniger als sonst wußte ich in Krakau, ob meine Sinne nicht nur meine Vorurteile bebilderten. Wie jenes, Europa verliere hier tatsächlich den süßen Geruch des *mare nostrum* nach Salz und Wind. Doch dann kamen die ersten hellen Tage, und plötzlich schien die Architektur südlich, der Marktplatz vor allem, und sehr französisch elegant mit einemmal die Frauen, mit nackten Knien auf dem kalten Steinboden im Beichtstuhlgemurmel der Marienkirche. Die Türme eingerüstet. Der Sponsor der Restaurierung, eine Schweizer Versicherung, warb auf einer großen Plane über dem Kirchenportal, wer *Winterthur* vertraue, dem könne nichts geschehen. Landesweite Proteste in der katholischen Presse. Die Symptome des Umbaus, der ganz Europa erfaßt, werden auch an den Verlagen deutlich, von denen in Deutschland die meisten längst zu zwei bestimmenden Konzernen gehören.

Nicht nur hinsichtlich Erscheinung und Ausstattung, sondern auch im Programm gleichen sich heute Verlage wie Suhrkamp, Hanser oder Kiepenheuer & Witsch, hinter denen noch vor wenigen Jahren klare verlegerische Konzepte standen. Unter dem ökonomischen Druck, der in den letzten Jahren die Lektorate ausgedünnt hat, folgen diese überall denselben inhaltlichen Strategien und greifen dabei auf die Angebote derselben Agenten zurück, die die Verlage einerseits entlasten, indem sie zunehmend nach amerikanischem Modell eine Art Vorauswahl übernehmen, aber andererseits auch jeden einzelnen Titel zu einem Erfolg verpflichten, der wenig Raum für besondere Inhalte läßt. Was wiederum mit der Entwicklung im Buchhandel korrespondiert. Die großen Buchkaufhäuser und vor allem die Internet-Buchhändler wie *Amazon* und *Bol* profitieren einzig von der Größe ihres Angebots und also von einer egalitären Gleichwertigkeit all dessen, was es gibt, die gerade das nicht mehr kennt, was einen Besuch etwa in der Buchhandlung von Regina Moths in München um so schmerzhafter zu einer Reminiszenz an eine verlorene Kultur macht. Entscheidend aber für die momentanen Veränderungen im *System Literatur* ist sicherlich, daß nicht nur Verlage und Buchhandel, sondern auch die Feuilletons zunehmend programmatische Kompetenz aufgeben. Projekte wie zuletzt die *Literarische Welt*, aber auch die Dienstleistungsfeuilletons von *Woche* und *Focus* und der Relaunch der *Zeit* mit der Beilage *Leben* und ihren unendlich öden Lifestyle-Geschichten arbeiten an der Selbstabschaffung jener Kritik, die für Friedrich Schlegel einmal die vierte literarische Gattung war.

Der allfälligen Optimierung für den Markt entspricht dabei ein neuartiges Klima der Professionalisierung bei den Autoren. Durch Einrichtungen wie das Literaturinstitut Leipzig, Autorenschulungen etwa der Bertelsmann-Stiftung und durch Autorenwerkstätten in den Literaturhäusern gecoacht, reagieren vor allem junge Schriftsteller auf die veränderte literarische Öffentlichkeit, indem sie höchst selbstbewußt ihr Funktionieren als mediale Marke wiederum zum literarischen Inhalt machen. Das aktuelle Etikett dafür ist POP, jener hochgradig schillernde Begriff, der wenig trennscharf ganz unterschiedliche Positionen bezeichnet, und hier zunächst als ein Phänomen der Selbstwahrnehmung und -darstellung von Autoren verstanden wird. Indem an die Stelle der Aura des Textes zunehmend die des Autors tritt, die Home-Story die Rezension ersetzt und fünfzehnminütiger Ruhm das Werk, entfaltet die von Warhol inspirierte Pop-Art unverhofft ganz neue ökonomische wie ästhetische Potenz.

»Daß die Welt zwar fiktiv, aber genau so ist, wie sie ist, ist der schnöde Realismus einer Generation, die den Kampf um die besten ideologischen Futterplätze beendet hat«, befand Iris Radisch in der *Zeit*. Autoren wie Elke Naters, Benjamin von Stuckrad-Barre, Sybille Berg und Christian Kracht, die man zu dieser Spielart des POP zählen kann, lassen in der Tat die Welt nur mehr als medial vermittelte erscheinen, betreiben zugleich aber die Abbildung der medialen Abbilder mit allem Pathos des Realismus, der für sich in Anspruch nimmt, zu sagen, wie es wirklich ist. Wobei interessant ist, in welchen Gegensatz dieses Phänomen in der Rezeption gespannt wird. Ist doch das Gegenteil von Realismus keineswegs unbedingt, wie Radisch behauptet, Ideologie. Ganz im Gegenteil, möchte man sagen. Schließlich wehrte sich die literarische Moderne gerade gegen einen ideologischen Realismus, der behauptete, die Welt zu haben, und verdeutlichte, wie sehr unsere Modelle und Augen gleichermaßen die Bilder von der Welt bestimmen.

Doch der unbedingte Hunger, alles sofort haben zu müssen, hat längst auch die Literatur und ihre Kritik erreicht. Realismus heißt diesem Reflex eine möglichst widerstandslose Lektüre, Deregulierung, Feier und bedingungslose Affirmation all dessen, was ist. Der Wunsch, möglichst viel von der realen Sache auch im Abbild abzubekommen. Konstruktionen, die sich dem durch Komplexität widersetzen, um der Komplexität von Welt gerecht zu werden, stehen solchem Hunger dann verständlicherweise unter Ideologieverdacht. Insofern hat der Begriff des POP, der ganz unterschiedliche ästhetische Erwartungen, Wahrnehmungen und mediale Effekte engführt, auch eine rezeptionsästhetische Dimension. Man distanziert sich mit einem deutlichen Seufzer von den Zumutungen der Moderne. Daß dies ein Phänomen ist, bei dem Ost-Autoren nahezu keine Rolle spielen, verdeutlicht um so mehr, wie sehr sich in Texten wie denen Volker Hages im *Spiegel* die tiefe Entlastungssehnsucht einer westdeutschen Kritikergeneration ausspricht, der die Suhrkamp-Kultur wohl eine arge Bürde gewesen sein muß.

Dennoch schiene es mir falsch, mit Michel Houellebecq, dem mit seinen *Elementarteilchen* der verblüffende Trick gelungen ist, die Oberfläche eines Thesenromans so glatt zu polieren, daß alle Thesen auf ihr haltlos werden, unser Zeitalter ein »nachmetaphysisches« zu nennen. Nur ist die mediale Fundierung der Zukunft noch unausgekleidet und in ihrer metaphysischen Gründung unabsehbar. Erkennbar ist bisher lediglich die Auflösung der gegebenen literarischen Standards. Wobei die Forderung nach herkömmlichen Erzählmustern und populären Geschichten ein erstaunliches Ergebnis zeitigt, das als dritte Facette in der aktuellen Konjunktur des POP-Begriffes verstanden werden muß: Eine neue Spielart des Jugendbuches. Alexa Henning von Lange, Benjamin Lebert, Anke Stelling, Robbi Dannenberg, Judith Hermann und in gewissem Sinn auch Zoë Jenny: Vieles, was als Erfolg neuen deutschen Erzählens gilt, ist vor allem das Ergebnis einer erfolgreichen Diversifizierung des Marktes, bei der nun erstmals junge Erwachsene durch Bücher gleichaltriger Autoren erreicht werden. Doch selbst da ist Hoffnung. Auf dem Bestellformular von *Amazon* zu Benjamin Leberts *Crazy*, das beinahe einhundert Leserkommentare verzeichnet, empfahl Dana Shano (danaS@t-online. de), »vielleicht sollte man dieses buch als nächstes als pixi-buch herausgeben«.

III

Der Markenname der gebräuchlichsten polnischen Fliegenfänger – *lep na muchy* –, jener honigklebriggelben Papierstreifen, die man in der Zimmermitte an die Lampe hängt, lautet in Abwandlung des Herstellers *Baygon*, was mich unweigerlich an Saigon denken ließ, an das brennende Napalm aus *Apokalypse Now* und die Hubschrauber aus *Deer Hunter.* Zumindest als die Fliegen im Frühsommer morgens mit schwirrenden Flügeln über mir zu kreisen begannen und dann so lange auf jedem unbedeckten Stück Haut landeten, bis ich mich verzweifelt schwitzend, doch gleichwohl schlaflos, ganz in den Schutz der Decke zurückgezogen hatte und sie wie im tiefsten Winter bis zu den Ohren hinauf. Entsprechend mitleidlos, ja freudig registrierte ich, wenn wieder eine Fliege auf dem gelben Todesstreifen notlandete und wie der kleine Elektromotor von *Lego*, den ich als Kind oft bis zum Anschlag beschleunigte, einige Minuten lang schrill summte, einmal pausierte, nochmals und immer länger, und schließlich verstummte. Als wollte ich die wundervolle Fliegenfängergeschichte Robert Musils illustrieren, betrachtete ich dann durchaus öfter am Tage, wie die schwarzen Körper anhafteten und mit welchen Zuckungen sie sich wieder zu lösen versuchten, um doch mit jeder Bewegung nur vollständiger mit dem goldglänzenden Klebefilm versponnen zu werden. Manchmal pustete ich auch ein wenig über ihre Leiber hin, und es schien mir, als ob manche der Fliegen, die dann noch mit einem Bein zuckte oder gar noch einmal lossummte, eigentlich längst von den giftigen Dämpfen des Klebstoffs getötet sein sollte, über deren Zusammensetzung ich nichts wußte, da ich die polnische Packungsbeschriftung nicht zu übersetzen imstande war.

Wenn ich es am Abend bei geschlossenem Fenster, das ich wegen der Insekten nicht zu öffnen wagte, im Zimmer dann nicht mehr aushielt, ging ich manchmal zum Essen ins *Belweder*, das am Rande desselben Waldgebietes lag wie meine Unterkunft. Übrigens befindet sich auch der Krakauer Zoo nahebei, und manchmal hörte ich auf dem Weg durch den Wald wilde Tiere. Das Ausflugsrestaurant ist noch kurz vor Kriegsende als Erholungsheim für deutsche Offiziere in typisch schmucklos-biederer Monumentalität erbaut worden und wäre völlig reizlos, böte die Terrasse nicht einen wunderschönen Blick ins Weichseltal hinab. Folgt man dem Fluß wenig mehr als 30 Kilometer in Richtung Westen, gelangt man nach Auschwitz.

Die medialen Veränderungen, deren Zeugen wir werden, sind beschreibbar als Verlust von Traditionen der Übersetzung und Übertragung. Translatio, verstanden als jene kulturellen Sublimationstechniken, die alle Kunst bestimmen. Dagegen steht die beschriebene Euphorie der direkten Wunscherfüllung, die ja ihren Ursprung mitnichten in der Literatur selbst hat. Im hyper- und überrealistischen Phantasma des computeranimierten Spielfilms ebenso wie im direkten A- und Reagieren des WWW ist dieses technische Phantasma zu einem so großen medialen Versprechen geworden, daß es jetzt ausstrahlt als ästhetisches. *Informator* steht auf dem Titel der deutschsprachigen Broschüre des Staatlichen Museums Auschwitz-Birkenau, darunter ein Photo der

Rampe. In Auschwitz werden die Sprachen ordentlich separiert. Die erläuternden Schrifttafeln tragen englische, französische, russische und polnische Texte. Ich hielt mich an die Sprache der Täter und studierte die ausgestellten Dokumente im Original. Für den polnischen Namen des Ortes fehlen in sämtlichen Zeichensätzen meiner Textverarbeitung die notwendigen Sonderzeichen. So tippte ich: *Oswiecim*.

IV

Es läßt sich beobachten, daß der ökonomische Erfolg zunehmend selbst zum ästhetischen Argument wird. Berauschte sich die Kritik früher meist nur kurzzeitig an den Auflagenhöhen einzelner Bücher, um dann – wie bei der *Letzten Welt* oder *Schlafes Bruder* – mit einem Kater aus der Euphorie der selbstinszenierten Feier zu erwachen, so ist inzwischen die Faszination des Erfolges so groß, daß die Rezeption sich oft schon in seiner jeweiligen Nacherzählung erschöpft. Fast meint man darin den uneingestandenen Reflex der Pauperisierung der eigenen Branche zu lesen, deren Gehälter und Löhne seit Jahren unterdurchschnittlich wachsen. Diese Faszination, für die POP – und das wäre seine vierte Facette – einfach die Chiffre für populäre und also breitenwirksame Literatur ist, wirkt verhängnisvoll, indem sie an der eigenen Abschaffung der Kritik mitwirkt und feiert, was immer häufiger an ihr vorbei und durch andere mediale Kanäle inszeniert wird.

Das Ende einer qualifizierten literarischen Öffentlichkeit ist die Folge, deren Fehlen man erleben konnte, als die von den Feuilletons bei Kriegsausbruch im Kosovo rekrutierten Schriftsteller sich beim ersten Kontakt mit dem feindlichen Wort als schlechtinformierte Freiwillige entpuppten. Hilflos versuchte man, von den ernsthaft operierenden Einheiten im Meinungskrieg überhaupt wahrgenommen zu werden. Doch dazu bedarf es in der veränderten medialen Topographie schon eines literarischen Selbstmordkommandos wie das Peter Handkes, der einfach über den feindlichen Stellungen die Halteleinen seines poetischen Heißluftballons kappte. Ich erinnere mich noch sehr genau an eine bestimmte Zigarettenwerbung, die man in Krakau erstmals mit dem Beginn der Nato-Bombardements im Kosovo plakatierte. Großflächige Plakate auf den Billboards der Ausfallstraßen zeigten eine leichtbekleidete Varieté- oder Zirkuskünstlerin, der ein junger Mann eine Zigarette anbot. *Test it!* Die lächelnde junge Dame war umgeben von Federn und Straß und bekleidet in einem hellen Trikot, das ihren Busen als zentrales Motiv des Bildes bloß ließ. Was mir eher gegen die Vermutung zu sprechen schien, es könne eine Zirkusartistin sein. Und seltsamerweise die Frage provozierte, ob es sich denn bei dem Wesen überhaupt um eine Frau handelte oder die Aufforderung *Test it!* sich nicht möglicherweise weniger auf die Zigarette denn die angebotene Oberfläche bezog. Jene Artistin mithin eine des Geschlechts wäre.

Gerade als Peter Handkes Mondfahrt endete und sein Weidenkorb in den Zeitungen aufschlug, waren in Krakau plötzlich sämtliche Werbetafeln der beschriebenen Kampagne mit einem weißen Balken versehen, der die Aufschrift *Cenzura* trug und wie ein sehr knappes Bikini-Oberteil die beiden Brustspitzen der Artistin verbarg. Welche Auswirkungen, fragte ich mich auf der Podwale Dunajewskiego im Stau, während ich Bauarbeitern zusah, die hemdlos in der ersten Frühlingssonne neuen Teer aufbrachten, hat es für die Zensur, wenn es sich bei den jetzt verborgenen Brüsten tatsächlich um die eines Mannes handelte?

»Jedes Stück Pop reinszeniert eine so vergebliche wie gelingende Wiederbelebung dessen, was man hatte, ohne es zu haben«, lautet Klaus Theweleits Diktum vom »Geheimnis aller Popkultur«, die für ihn »die Sehnsuchtstruktur der Moderne« darstellt, der auch Hubert Winkels letzthin in *Sinn und Form* nachgegangen ist. Am Beispiel der konzeptionellen Literatur von Rainald Goetz, der quasi ästhetizistischen Geste Andreas Neumeisters und der Diskurs-Samplings Thomas Meineckes beschreibt er Übereinstimmungen und Unterschiede einer Gruppe von Autoren, zu der ich noch Marcel Beyer mit seinem Medienroman *Flughunde* rechnen würde. POP meint hier tatsächlich – und das wäre die fünfte Dimension dieses Begriffs – eine ästhetische Haltung, die sich, wenn auch höchst unterschiedlich, auf die Zeitschrift *Spex* bezieht und Traditionen der Übertragungen formaler wie inhaltlicher Patterns populärer Musik auf Literatur. Sie nutzt mediale Masken, weil aus ihnen Welt sich destillieren läßt, und überläßt sich nicht einfach ihrem Spiel.

Was, fragte ich mich damals, während die Baustellenampel auf Grün sprang, ich die Kupplung kommen ließ und losfuhr, wenn es sich bei der ganzen Zensurkampagne wiederum um eine Werbeaktion von *West* gehandelt hatte und also beides zuträfe, Brüste wie *Cenzura* gleichermaßen gefälscht wären? In seinem *Abfall für alle. Roman eines Jahres* verspricht Rainald Goetz, daß einmal alles gut werden wird: »Man wird dann genauso dahintappern wie jetzt, bloß jeder ist sozusagen ein netter

Typ.« Seidig schimmert durch diesen Satz erkennbar Adornos Formel von der erlösten Welt, in der alles so sein werde wie jetzt, nur um ein Winziges verrückt. Ein altes Versprechen ist das, das einmal Philosophie und populäre Musik verband. Doch ohne ein Bewußtsein davon, was sich alles ändern muß und zu wessen Gunsten, ist diese Utopie des POP politisch so taub wie der Kommerz, den sie zur Zeit – wie sattsam bekannt und zuletzt von Feridun Zaimoglu beschrieben – bedient. Ihr Ziel ist nichts als das Wohlgefühl einer illusionären medialen Sattheit, die es für eine Weile auch dem Lamm erlaubte, neben dem Löwen zu liegen.

V

Der Weg zu Leonardos *Dame mit dem Hermelin* in der Czatoryski-Sammlung ganz in der Nähe des Rynek ist eine Erzählung, die mit Harnischen und Tartaren-Zelten beginnt, aufgeschlagen auf dem Parkett des alten Palais. Das Fell des letzten Krakauer Bären folgt, Waffen ohne Zahl, dann Gobelins, Porzellan, Spieltische. Dann ein Oberlichtsaal mit goldener Bespannung und niedrigen Messingbalustraden vor den Bildern. In der Mitte des Raums kleine lederbezogene Sitze. Zwei russische Ikonen, Italienische Meister, Fayencen, eine Kopie Breughel d. Ä. aus dem achtzehnten Jahrhundert. Der Wärter schaut von seinem Kreuzworträtsel nicht auf. Sicher wird es dieses Museum bald schon so nicht mehr geben. Überall werden die Dinge kompatibel gemacht und die Bilder gefügig, seit Mitte der 80er Jahre der Begriff *Wysiwyg* aufkam, der – *What you see is what you get!* – zunächst nur die neue Möglichkeit von DTP-Programmen bezeichnete, Texte auf dem Bildschirm nun weitgehend so darzustellen, wie sie später auch auf dem Papier erschienen. Die Selbstverständlichkeit des sozusagen realistischen Bildschirms von heute beendete damit eine Zeit, in der das Handling eines Rechners von Abstraktion und Übersetzung ins bernsteinfarbene Licht der DOS-Befehle geprägt war und damit auch für den normalen Nutzer dem Passieren einer Luftschleuse zu einer, seiner ganz eigengesetzlichen Welt glich. Im letzten Saal ein rundes Sofa mit säulenartiger Lehne und ein Liebespaar. Die Frau erschien kurz hinter dem rotsamtenen Pfosten, küßte aber weiter, als ich den Raum zügig durchquerte. Hinter Glas und allein wartete in ihrem Kabinett *Die Dame mit dem Hermelin* im Halbdunkel, bewacht nur vom zitternden Schreiber des Hygrometers.

Einzig Literatur ist in der Lage, die Differenz zwischen Sehnsucht und Surrogat festzuhalten. Auf dem Unterschied von realer Geschichte und ihrem medialen Abbild noch zu bestehen. Die Medialität aller Wahrnehmung ist dabei längst zur Folie aller Literatur geworden, die auf der Höhe der Zeit ist, wie Jan Wenzel es zuletzt in *Edit* beschrieb: »Da sich das auch in Zukunft nicht ändern wird, bringt es nichts mehr, jedem neuen Text das Attribut Pop zu verpassen. Es taugt nicht mehr zu Differenzierungen.« Schon kurz nach meiner Ankunft in Krakau, als im März noch alles ganz winterlich war, geriet ich einmal zufällig in ein Antiquariat, das zugleich Leihbücherei war. Die oberen Regale gefüllt mit ganz gleichförmig in weißes Papier eingeschlagenen Bänden, deren Rücken an der Stelle von Titeln nur handschriftliche, siebenstellige Nummern trugen. Zwei alte Frauen saßen bewegungslos neben einem alten Ofen. Es gab auch deutschsprachige Bücher, Lexika und Kunstbände zumeist, aber auch Stapel alter Zeitschriften und auffallend viele Reiseführer aus den dreißiger Jahren. Eingebunden in abgegriffen speckiges, ganz hautfarbenes Leder entdeckte ich schließlich auch einen deutschsprachigen Koran aus dem Jahr 1763: *Mohammets Heilige Schrift.*

In einer medialen Kultur, die ohne Gedächtnis alles immer neu an die Stelle des Immergleichen stellt, wird es Spuren wie die jenes Buches nicht mehr geben, die an der Kante eines Regals jener Leihbücherei so geheimnisvoll endet wie im feinen Sand einer Küste. Wie kam dieses Buch hierher? Wer hat es gelesen? Wann und warum wurde die Bibliothek aufgelöst, in der es einmal stand? Solche Spuren sind keineswegs lediglich die marginalen Feldlinien europäischer Kultur, sondern das letzte Residuum seiner humanistischen Utopie. Und was Nowa Huta angeht, die Stadt und das Stahlwerk bei Krakau, von der dieser Text seinen Titel entlieh: Ich bin oft im Sommer dort gewesen, gegen Mittag, wenn die sozialistische Ornamentik der mächtigen Bauten an den breiten Alleen scharfe Schatten warf. An ein ratterndes Kinderkarussell erinnere ich mich und an die spielzeugkleinen Straßenbahnwagen, doch das gehört nicht mehr hierher. Die künftige Aufgabe der Literatur wird es sein, ihr Gedächtnis der ganzen Vielfalt unserer Spuren zu überlassen, während sich die ultimative mediale Drohung erfüllen wird: *What you see is what you get!*

Kathrin Schmidt
Von Zimmer zu Zimmer

Versuch eines Zugangs zu meiner Schreibweise

Seit ich im Zugzwang bin, mich heute an dieser Stelle zwanzig Minuten lang zu meiner »Poetologie« äußern zu müssen – wobei ich zugebe, zur Annahme der Einladung in keiner Weise genötigt worden zu sein –, spüre ich Angst. Damit ist ein wichtiger Antrieb meiner Schreib-Arbeit eigentlich schon benannt, ich könnte mir eine ausgeleierte Antwort auf die zugehörige Frage sparen. Aber die Art Angst, aus der heraus ich schreibe, macht mir Spaß. Ich möchte von ihr sprechen. Dazu scheint es mir nützlich, Ihnen von Zimmern zu erzählen. Zimmern, in denen ich lebte, während ich schrieb. Natürlich auch von jenem, in dem ich gerade schreibe.

Beginnen wir mit dem ersten Raum, an den ich mich deutlich erinnere. Ich lebe mit meiner aus Ostpreußen nach Thüringen geflohenen Urgroßmutter in einem Zimmer in einem durchschnittlichen Mietshaus einer thüringischen Kleinstadt. Nicht nur meines und das Bett der alten Frau stehen darin, sondern auch das Klavier, auf dem mein Vater spielt und Unterricht gibt. Mir zum Beispiel. In der Mitte des Raumes ein großer runder Tisch, an dem die sechsköpfige Familie außerdem die Mahlzeiten einnimmt. Ich mache an diesem Tisch meine Hausaufgaben, spiele mit den Brüdern Karten, Dame und Schach. Wenn ich allein bin, schreibe ich. Da eines das andere voraussetzt, geschieht es selten. Immerhin aber oft genug, um den Eltern zu Weihnachten ganze Bücher zu schreiben, zu illustrieren, zu binden. Ich habe ungeheure Angst davor, mit meinen Eltern zu sprechen. Sie können nämlich weder zuhören noch antworten – sie sind Lehrer. Die Menschen, mit denen ich spreche, sind also meine beiden jüngeren Brüder und meine Urgroßmutter mütterlicherseits. Über dem Klavier hängt die Fotografie einer klavierspielenden älteren Dame – meiner Großmutter väterlicherseits, die meine ermutigenden Versuche auf dem Instrument ebenso argwöhnisch beobachtet wie alle sonstigen Aktivitäten.

Nachts rede ich durch ein Loch in der Fußbodendielung nicht nur mit der darunter eingenisteten Igelfamilie, sondern vor allem mit dem Herrn Jesus, der mir ziemlich leibhaftig erscheint und mich auffordert, ihn zu heiraten. Vom Herrn Jesus weiß ich von der Urgroßmutter, die eine kleine alte Bibel mit gruseligen Bildern liest und mir erzählt, daß ich ein armes Heidenkind bliebe, wenn es nach meinen Eltern ginge. Ich will aber nicht immer im Wald und auf der Heide herumsitzen, während meine Eltern Beeren pflücken. Ich weiß, daß ich in ein Kloster eintreten muß, um den Herrn Jesus zu heiraten. Während ich also überlege, wie in einem kleinen sozialistischen Land ein Kloster zu finden sei, erzählt meine Urgroßmutter über ihre Flucht vor den Russen. Wenn sie das im Traum tut, schreit sie. Verwendet das Wort »fikken«. Ich bin zehn Jahre alt. Sie setzt das Wort »nicht« vor das Wort »ficken« und schreit, daß ich schreie. Wenn alle wach sind, kommt meine Mutter und erklärt, daß niemand vor den Russen geflohen sei, wie ich ja wohl wisse. Sie ist wütend. Sie schlägt meine Urgroßmutter nicht, aber die erhebt die Hände zum Schutz über ihren Kopf.

Ich laufe auf die Toilette, wozu ich die Wohnung verlassen und ein paar Stufen über die kalte Treppe hinabsteigen muß. Ich setze mich über den Lochausschnitt eines rot gewachsten Brettes und gehe nicht mehr zurück. Nach einigen Stunden holen mich meine Eltern halb erfroren hinauf. Ich werde geohrfeigt. Damit ich zur Besinnung komme. Ich erzähle von der SS-Aufseherin Ilse Koch, die durchs Klofenster zu mir heruntergeschaut hat, und davon, daß die Hefeklöße gestern zum Mittag aus Seife gewesen seien, aus Knochenseife toter Juden, und die Blaubeersoße aus Blut. Deshalb habe ich nichts gegessen. Ich bekomme noch eine Ohrfeige. Man sollte mich einem Arzt vorstellen. Ich werde einem Arzt vorgestellt. Bekomme Einlagen gegen den entenhaften Gang, ein Bibliotheksbesuchs- und Fernsehverbot und einen einwöchigen Stubenarrest, damit ich mir nicht unkontrolliert Bücher ausleihe bei den Leuten. Ich sage nichts. Abends schaue ich durchs Schlüsselloch im Wohnzimmer und sehe einen fremden Nachrichtensprecher. Die Aktuelle Kamera heißt auf einmal Die Tagesschau. Ich bin überrascht. Sie werden überrascht sein, daß ich so etwas erzähle – Sie werden das längst kennen, längst gehört haben. Es ist nichts Neues, und es ist nichts, was sich westlicherseits auf keinen Fall abgespielt haben könnte. Es ist normal, und es trifft auf mich zu: Ich erinnere mich daran. Ich war keineswegs unglücklich. Ich hatte Angst zu reden, weshalb ich eben schrieb. Beim Klavierüben hingegen, weil ich da immer eine gewisse Zeit absitzen mußte und die Stücke auswendig konnte, las ich. Die seltenen Momente einer störbaren Intimität füllte ich mit mir selbst aus, so gut ich konnte. Füllte mich dabei voll. Die Texte eines Kindes, die ich damals schrieb, waren belanglos fröhlich, reimten sich und entsprachen im Metrum dem, was ich gelesen hatte. Wenn ich die Jesus-Geschichte jedoch nehme, die unkindlichen Wünsche eines Kindes nach Askese, und sei es im Sterben, bekomme ich Angst um das Mädchen. Ich kann nicht integrieren, daß ich das war. Ich weiß es, aber ich fühle es nicht.

Im nächsten Zimmer machte ich Abitur. Bett, Tisch, Klavier, Kleiderschrank, Spiegelkommode. Kein Fenster, weshalb die Tür zum Speiseraum meiner Eltern eine gläserne ist. Kein Ofen, weshalb die Tür zum Zimmer meiner Brüder immer geöffnet sein muß im Winter. In diesem Zimmer schlafe ich endlich allein, und mit mir lebt die Angst, ich müsse die Möbel, die in ihm stehen, in mein erstes wirklich eigenes Zimmer mitnehmen. Ich bin nämlich gerade auf dem Sprung in ein Studium. Die ersten Gedichte sind schon gedruckt worden und zieren die Wandzeitung meiner Schule. Ich gelte als außergewöhnlich verschlossen, schweigsam, unzugänglich. Wer mich aber kennt, behauptet das Gegenteil. Beides hat seine Wahrheit. Meine Angst zu reden ist ins Unerträgliche gewachsen, seit ich einen Roman Irmtraud Morgners gelesen habe, auf Empfehlung einer leidenschaftlichen Patentante. *Leben und Abenteuer der Trobadora Beatriz nach Zeugnissen ihrer Spielfrau Laura.* Konversation gelingt mir problemlos, aber wirklich zu sprechen wage ich nicht.

In den nächsten Zimmern lebte ich bis vor einem Jahr nie mehr allein. In den nächsten Zimmern wohnten Kinder mit mir zusammen. Diese Zimmer lasse ich aus. Ihre Abgründe werden von den Kindern besser zu erspüren sein als von mir. Statt dessen gehe ich in meinen derzeitigen

Arbeitsraum von der Küche aus die Treppe hinauf. Durch eine ins Dach gesetzte Gaube fehlt dem Teil des Zimmers, in dem ich arbeite, die Dachschräge. Durch die beiden Fenster unmittelbar vor meinem Schreibtisch sehe ich Wipfel von Obstbäumen und Kiefern, in den Himmel hinein, bis zum frühen Nachmittag in die Sonne, die ich dann durch einen Vorhang abschirmen muß. Links neben mir, wenn ich arbeite, steht ein riesiger Postkarten-Verkaufsständer, drehbar und auf Rollen, der die Kartensammlung meiner zweitältesten Tochter aufnimmt. Im Haus war kein anderer Platz dafür, und ich greife ohnehin gern zu, besonders dann, wenn meine Tochter Postkarten aus einem Nachlaß geschenkt bekommen hat und ich zwischen der Vielzahl der geschriebenen Karten einzelne Personen ausmachen kann, ihnen eine Biografie herauskitzele, eine Ausdrucksbiografie, die auf Beziehungen schließen läßt, durch identifizierbare – immerhin fotografierte – Orte codiert. Weiterhin gibt es in diesem Zimmer Bücher. Dem Schreibtisch am nächsten die Lyrikabteilung. Durch einen Balkendurchgang – der Erbauer des Hauses nennt es Fachwerk – komme ich in den Raumteil mit Dachschräge. Hier habe ich eine Nähmaschine und ein Sofa, einen zweiten Schreibtisch für's Handschriftliche. Eng wird es, wenn ich das Gestell zum Wäschetrocknen aufstellen will.

Ich glaube, daß in unserem Zusammenhang mit dem Beschriebenen eine ganze Menge gesagt ist. Die Frage nach der Entstehung einer »eigenen Schreibweise«, nach den dahinterstehenden »Überlegungen, Anregungen, Wahrnehmungen, Motivationen, Widerständen etc.«, verknüpft sich für mich mit jener nach einem »zentralen Thema« meiner Arbeit. Ich bin von Kindheit an damit beschäftigt, eine Kluft zwischen unmittelbarer Anschauung und vermittelter Erfahrung zu überbrücken. In diesem Spalt liegt offenbar meine zunächst sprachlose Angst, und wie der Versuch ausfallen wird, die Kluft statt dessen mit Sprache zu füllen, ist längst nicht zu sagen. Indem ich feststelle, daß soziale Abläufe, inszeniert man sie vor wechselnden Kulissen erneut, mehrmals oder gar immer wieder, eine völlig andere Struktur gewinnen können als erwartet – Sie sehen wiederum: Nichts Neues! –, gewinne ich eine Art (trügerische) Kontrolle, die mit der Macht des Regisseurs aber bitte nicht verwechselt werden sollte: Die Rollen sind längst besetzt, ehe ich auftrete! In diesem Theater als Requisiteurin zu arbeiten und den handelnden Personen abwechselnd die Position des Beleuchters zuzuweisen, sie einzeln aus dem Spiel zu nehmen und mich auf die jeweils veränderten Szenen einzulassen, macht mir Spaß und die Reinszenierung inter- wie intrapersonaler Abläufe, was zwangsläufig auch weit zurückliegendes, quasi historisches Geschehen mit beinhaltet, zum Thema. Mein Leben als chromosomal determiniertes Frau-Wesen, mein Gebundensein an die damit zusammenhängende gesellschaftliche Rollencodierung und das Hinterfragen derselben, macht mich als ganze Person zum Resonanzkörper dessen, was mich umgibt. In jenem Zimmer, das ich Ihnen zuerst vorstellte, war das Loch in der Dielung mein Fluchtpunkt in den höllischen Himmel der Angstabwehr. Wenn ich mit Jesus sprach, war ich dem Wahn nah und blieb zugleich innerhalb meiner unmittelbaren Lebenswirklichkeit, ahnte ich, das eines mit dem anderen unmittelbar zusammengehört. Das Personal, das in diesem Zimmer ein- und ausging, hielt mich in der Schwebe: Die einen behaupteten beispielsweise ihre Flucht vor blindwütigen Horden der

Roten Armee zum Ende des letzten Krieges, die anderen erklärten das schlichtweg für Unsinn und richteten einen Glorienschein her für die Befreier. Es schien unvereinbar, und doch ließ ich mich auf beide Seiten ein, stieg in die Kluft hinab, sie zu füllen und eine Verbindung über den Abgrund herzustellen. Den Tisch im Zimmer empfand ich als provisorische Brücke und ein Benutzen desselben als ein Handeln gegen den Spalt. Egal ob wir aßen, spielten, egal, ob ich schrieb – wer an diesem Tisch saß, hatte behelfsweise Halt, wenn auch die Füße hoch über dem Grunde baumelten.

Das Erleben der Ebenbürtigkeit physischer und psychischer Lebensaktivität, der Gleichzeitigkeit von »Höherem« und »Niederem«, von »U« und »E«, von Wahrnehmung und Erfahrung, von Unmittelbarkeit und Vermittlung, Selbst- und Fremdtötung, Katz und Maus, Luft und Liebe, Fiktion und Realismus, Herz und Schmerz – die Liste ließe sich (nicht beliebig!) erweitern, hat mein Denken grundiert und meiner Sprache die Anmut einer Umwälzpumpe beschert. Damit habe ich durchaus auch Schwierigkeiten.

Befragt nach inspirierenden Schreibweisen aus der Geschichte der Literatur (die ich im übrigen nicht kenne: ich habe keine germanistische Ausbildung, es wäre nur ein subjektiver Zugriff beschreibbar) fällt mir als erste Antwort ein: Netzliteratur. Damit hat es begonnen. Beispielsweise eben mit Irmtraud Morgners Netzauswerfen in die Geschichte der Leiblichkeit und Weiblichkeit, mit der Reproduktion des Fangnetzmusters in der Methode der Verknüpfung, der Verstrickung und Knotenbildung, der Geste des weiten Ausholens während des Sprechens. Mit dem Heranholen des Entfernten. Nicht mit dem

Abbilden, sondern mit dem Bösen Blick hinter das erste Bild. Hinter das zweite, das dritte. Und so weiter. In diesem Zusammenhang wären weitere Namen zu nennen, die Sie kennen. Deshalb spare ich mir das, die Richtung scheint mir ebenso hinlänglich beschrieben wie die Traditionslinie, die ich eventuell verfolge (ohne es bewußt zu tun), und ich möchte an dieser Stelle auf einen Umstand verweisen, der mich in gewissem Sinne »entschuldigt«: Ich sehe mich (noch) nicht als Prosa-Autorin. Ein einziges, wenn auch recht umfängliches Stück Prosa kann die viel stärker empfundene Bindung an Formen lyrischen Sprechens für mich bislang nicht aufwiegen. Deshalb bewege ich mich hier zuweilen auf recht dünnem Eis und fühle mich eher im Antworten auf Fragen nach Motivationen und Hintergründen meines Schreibens überhaupt zu Haus als im Bemühen, mich in die Gilde der Prosaliteraturverfertiger der 90er Jahre einzuordnen. Aber natürlich ist es so, daß nach der Veröffentlichung eines Romans die Aufmerksamkeit für meine Arbeit immens gestiegen ist und mir Chancen eröffnet hat, mich auf unbekannten Feldern zu erproben.

Womit wir beim Literaturbetrieb angekommen wären. Der nämlich hat mich als Lyrikerin eher undeutlich wahr- und eigentlich nicht aufgenommen. Ich fand das normal, ich hatte meine Nische und hing an den Provisorien über der Kluft in meinem jeweiligen Zimmer, niemand wollte etwas von mir, es war bequem und ärmlich. Kaum war die Prosa auf den Markt gezerrt, wurde ich mit Anfragen überschüttet. Können Sie nicht hier, können Sie nicht da…? Ich kann und will natürlich nicht immer. Manches von dem, worauf ich mich einließ, erlebte ich als bereichernd. Mit der Aufmerksamkeit des Betriebes für mich wuchs meine Aufmerksamkeit für das, was in den Leitfragen für diese Veranstaltung »das zeitgeschichtliche Umfeld der 90er Jahre« genannt wird. Ich wurde aufgefordert, mich zu bestimmten Themen literarisch zu äußern, ich wurde eingeladen, über andere Themen mit anderen Autoren zu diskutieren. Themen, die ich ohne Einladung möglicherweise nicht oder nicht jetzt in den Fokus meiner Aufmerksamkeit gerückt hätte. (Die letztjährigen Kranichsteiner Literaturtage zur Popliteratur wären ohne den damals eben erschienen Roman selbstverständlich ohne mich abgelaufen, und natürlich hätte mich dort niemand vermißt. Meine Beteiligung an einem science-fiction-Projekt der literaturWERKstatt berlin und der Berliner Festspiel GmbH brachte es mit sich, daß ich mich mit Gentechnik auseinandersetzte – ein Feld, für das ich mich zwar schon zuvor interessierte, mir aber nicht hätte vorstellen können, es literarisch zu be- oder verarbeiten.)

Ich bin noch nicht entschlossen, derartige Verordnungen/Verortungen gutzuheißen, ich hänge noch gern dem alten Traum von der Reinen Kunst an, vom Verfertigen exzentrisch kalibrierter, schlecht verkaufter Gedichtbände. Aber in meinem Zimmer steht jetzt ein Sofa, in dem sich Lektoren und Agenten herumlümmeln könnten, und in Gedanken plaziere ich sie auch gelegentlich dort und rede mit ihnen und merke, daß sie wirklich nur Lektoren und Agenten sind und ich ihr Lieferant oder Klient. So war das früher in meinem ersten Zimmer nicht...

Wenn man mich auf dem Markt »erfolgreich« nennt, empfinde ich hin und wieder etwas wie »Verrat an der Sache«, was wir in meiner Jugend immer zu den am heftigsten zu verurteilenden Verhaltensweisen zählen sollten, und ich freue mich geradezu über den einen, den anderen Verriß. Andererseits habe ich das Buch – die Rede ist von der *Gunnar-Lennefsen-Expedition* – fernab von verkaufstechnischem Kalkül geschrieben, in einer Art überschwenglichen Rausches, der mir eine ungekannte Leichtigkeit während der Arbeit bescherte und es möglich machte, lange Phasen hintereinander weg einfach nur zu arbeiten. Es war dann ebenso berauschend, Seite für Seite aus dem Drucker kommen zu sehen, wo doch zuvor nur spärlich zwischen den Tagen einzelne Blätter erschienen und auf den Boden meines Zimmers gesegelt waren. Zur Zeit arbeite ich an einem Gedichtband, und die »Treue zur Sache« scheint für eine Weile gerettet...

Ein Neuzugang im Erfahrungsbereich ist wiederum: Netzliteratur. Sie merken – nichts Neues. Diesmal meine ich aber jene, welche im Internet auf mich wartet. Ich gehe aus eigenem Antrieb noch kaum darauf zu, beteilige mich aber inzwischen an einem Projekt des DuMont Verlages, NULL genannt und inzwischen dank hervorragender PR-Arbeit des Herausgebers wie des Verlages hinlänglich bekannt. Meiner Auffassung nach handelt es sich bei NULL nicht um ein Projekt, das sich mit den spezifischen Möglichkeiten des Mediums Internet auseinandersetzt. Vielmehr werden klassische, geschriebene Druck-Stücke ins Netz gestellt – auch hier also: nichts Neues. Lediglich die Präsentation von Literatur scheint eine moderne zu sein, was ja auch schon mal nicht ganz schlecht ist. Immerhin möglich wird das Schrumpfen der Zeit zwischen aufeinander bezogenen Beiträgen der Autoren, immerhin haben sich E-Mail-Kontakte untereinander ergeben, immerhin war ein chat-room geplant, der aber meines Wissens nur ein einziges Mal wirklich funktionierte. Immerhin aber vor allem war es für einige der

Beteiligten auch ein sanfter, nicht zu unbequemer Anstoß, den Schirm überhaupt aufzuklappen, auf dem heute die Welt sich abspielt. NULL ist noch nicht Netzliteratur. NULL ist ein Schritt auf die Schnittstelle zu, an der Johann Gutenberg Bill Gates einen Blumentopf in die Hand drücken wird in einer Mischung aus Bewunderung und Entsetzen.

Was die vielleicht wirklich revolutionierenden Möglichkeiten des Netzes angeht, bin ich derzeit überfragt. Verlinkung scheint mir seit jeher – siehe oben – eine meine bevorzugten Methoden zu sein. Ich merke auch die Faszination, dies durch die aufbereitete Darstellung auf dem Bildschirm nachvollziehbar zu machen. Ob ich aber bereit sein werde, der Technik das zu überlassen, was üblicherweise mein Hirn tut, ob ich in der wie auch immer programmierten Verlinkung ein eigenständiges ästhetisches Gegenstück zur kopfgebundenen, freien Assoziation zu akzeptieren imstande bin, weiß ich noch nicht. Weil ich zu wenig weiß. Aber Spaß macht es schon, beispielsweise die Arbeit einer Susanne Berkenheger kennenzulernen, und die Skepsis, ob es sich bei dieser Arbeit um die Herstellung von Literatur handelt, erinnert eigentlich fatal an die Behauptung von der Notwendigkeit einer Reinerhaltung der Art, der Rasse oder der Gattung.

Wenn Sie mich fragen, wie weit meine Arbeit geplant ist, sage ich *sehr streng* und *überhaupt nicht*. Sehr streng, weil eine rigide Zeitschaltuhr in meinem Kopf tickt, die mir feste Arbeitszeiten von morgens an bis etwa 15 Uhr diktiert. Da nämlich sind meine Kinder in Schule und Kindergarten. Überhaupt nicht geplant erscheint mir der Vorgang der Arbeit selbst, denn ich warte auf Sprache. Warte, bis sie kommt, mit Kaffee oder Tee oder Zigarette, mit letzterer allerdings grundsätzlich auf dem Balkon. Das kann dauern, und so verbringe ich zuweilen viel Zeit an frischer Luft, während ich die Lungen mit schlechter fülle. Nach dem Anfang ist alles ganz einfach. Da es hier um Prosaliteratur geht, kann ich mich nicht auf breite Erfahrung verlassen, sondern beziehe mich auf die schmale meines Romans. Im Schubfach des Schreibtischs lagen ein auf zwei Seiten konzipierter Entwurf, handschriftlich, einige Blätter mit recherchierten Daten zur Geschichte der Stadt Königsberg, ein Stadtplan, mehrere auf einem Trödelmarkt erstandene Taschenkalender verschiedener Jahre und verschiedener Personen, ein Taschenrechner. Letzteren bemühte ich, um anhand des Stadtplans auszurechnen, wieviel Zeit man zu Fuß oder per Fahrrad benötigte, um innerhalb Königsberg von hier nach dort zu gelangen. In meinem Computer fand ich irgendwann die Funktion »Ewiger Kalender« und glich Daten und Wochentage ab. Das genügte meinem Forscherdrang, der also nicht sehr groß gewesen sein kann. Sehr groß hingegen geriet die Rolle des Zufalls, der vielleicht keiner ist – Vernetzung brachte es mit sich, daß die Fäden sich immer mehr ineinander verknäulten und ich schon gar nicht mehr wußte, ob es meines Zutuns überhaupt bedurft hätte. So entsteht Spaß, glaube ich: Wenn etwas, was gut tut, anscheinend ohne viel Kraftaufwand über die Angst einfach hereinbricht.

Als geradezu fremdartig empfinde ich die Frage, ob ich versuche, mit meiner Schreibweise Leseverhalten zu steuern. Ich habe genug damit zu tun, mit mir selbst zurande zukommen, und kann froh sein – und staune –, daß jemand das druckt und wieder jemand anders das lesen will, offenbar, denn ich glaube schon, daß man sich nach meiner Art zu schreiben auf dem Markt nicht gerade sehnt. Die Umstände, die einem Autor, einer Autorin zu Aufmerksamkeit verhelfen, sind von zufälligen Konstellationen geprägt, die man vielleicht gerade noch aufsuchen, nicht aber gestalten kann. Hat man den kleinen Zeh im Geschäft, tut's erst mal sehr weh, denn hinter dem Türspalt ist es schon voll genug, man will dich eigentlich lieber nicht dabeihaben und stemmt sich gegen die Tür. Armer Zeh. Aber wenn jemand die Tür öffnet und man hat zufällig einen lesbaren Text dabei, kann es passieren, daß man hineingezogen wird und einigermaßen angepaßt an eine fremde Erwartung. Eine wichtige Veränderung im Literaturbetrieb der letzten Jahre scheint mir in diesem Zusammenhang die Präsenz von Agenturen zu sein. Plötzlich ist es möglich, daß sich Verlage um einen Autor streiten, plötzlich ist es möglich, mit Ahnungen, Erwartungen, Versprechungen, Exposés auch ganz unbekannter Autoren Coups zu landen ohne langen Anlauf. Wenn ein Verlag sich nicht schnell genug entscheidet, hat der Agent immer schon drei andere drohend in der Hinterhand. Das kann gut sein für die Autoren. Ob für die Literatur, hängt auch von der Verantwortung der Agenten ihr gegenüber ab, über die ich mir trotz positiver Erfahrungen eigentlich keine Illusionen machen sollte. Tue ich aber.

Ich freue mich, daß in meinem jetzigen Zimmer ein Sofa steht und meine Agentin gut zur Farbe des Bezugs paßt. Ich habe sie gern, und es ist mir ziemlich peinlich, daß sie mit anderen Leuten über das Geld verhandelt, das die mir zahlen sollen. Ich habe sie gern, und ich bin ziemlich glücklich, daß sie es dennoch tut.

Zum Ende hin spüre ich die Angst kleiner werden. Ich hab's ja geahnt: Die Angst macht mir Spaß. Immerhin schreibe ich nicht mehr, wie früher in jenem ersten Zimmer, direkt über dem Abgrund, den meine Eltern mit dem Familientisch überbrückt hatten. Die Möbel des zweiten Zimmers blockieren mich nicht, ich habe sie stehenlassen in meinem Elternhaus. Ich sitze an einem Schreibtisch, den ich geschenkt bekam, und bis zum Sofa (mit oder ohne Agentin drauf) sind es von hier aus ungefähr zwei Meter. Das reicht nicht, um den schwierigen Wäschetrockner vollständig aufzuklappen. Also stelle ich ihn zwischen Sofa (mit oder ohne Agentin drauf) und Nähmaschine. Links von der feuchten Wäsche gelte ich als Schriftstellerin, rechts läßt man sich von mir einen Knopf annähen und Hosen flicken. Im Abgrund unter dem Trockengestell frei flottierende Angst, nichts Neues also, Sie ahnten es schon.

Yoko Tawada
Der Schriftkörper und der beschriftete Körper

Die Entstehung eines Textes wird vorbereitet, während ein anderer Text geschrieben wird. Durch das Schreiben eines Textes werden die neuen Ideen geboren, die aber nicht in den Text hineinpassen. Dieser Überschuß ist mit Abfall vergleichbar, er wird aus der Produktion geboren und wird für sie überflüssig oder sogar schädlich. Es ist auch kein Zufall, daß das Schreiben viel Abfall produziert, denn die Sprache hat aberwitzige Eigenschaften: Sie versucht ständig etwas anderes zu behaupten als das, was der Autor zu meinen meint. Der aussortierte Abfall, der oft wertvoller ist als das Produkt selbst, kann nicht brav ins Nichts verschwinden, er macht einen Aufstand und schreibt den nächsten Text. Und auch der nächste Text produziert Abfall. Die Kette der Abfallproduktion findet kein Ende, so daß man nie aufhören kann, weiter zu schreiben. Wann hat alles überhaupt angefangen? Man kann nicht sagen, wann der erste Text geschrieben wurde. Jeder Text entsteht als der zweite, als eine Abfallproduktion. Es sieht so aus, als hätte man nie angefangen zu schreiben, sondern schon immer geschrieben.

Die Vorstellung, daß das Schreiben auch bei mir keinen Anfang hat, ist schon heidnisch genug. Aber ich muß noch etwas hinzufügen, was genauso heidnisch ist. Einer, der in den Buddhismus einsteigt, muß nicht aus dem Schamanismus aussteigen. Es gibt keine lineare, einspurige Entwicklung bei meinem Schreiben, sondern viele Strömungen laufen parallel. Sie laufen mit wechselnden

Geschwindigkeiten, manchmal auch rückwärts oder seitwärts. Außerdem kann keine dieser Strömungen als die Hauptströmung bezeichnet werden. Die meisten Formen sind Mischwesen. Darin findet man verschiedene Sprachen und Gattungen: Ich schreibe auf Japanisch und auf Deutsch, Prosa und Theaterstücke, Literarisches und Theoretisches gleichzeitig. Die meisten Autoren hören auf, in einer Sprache zu schreiben, wenn sie in einer anderen Sprache zu schreiben angefangen haben. Das kann ich gut verstehen, denn eine Sprache versucht eine zweite, die in demselben Kopf wächst, zu zerstören. Jedes Mal, wenn ich intensiv an einem japanischen Text gearbeitet habe, kann ich keinen Text mehr in der deutschen Sprache verfassen. Mühsam krieche ich wieder in die erneut verfremdete deutsche Sprache hinein, blind und verletzbar, Schritt für Schritt taste ich Wörter ab, bis ich mich wieder im Schreiben befinde. Dann habe ich aber ein Gefühl, als hätte ich nie im Leben auf Japanisch geschrieben. Mir fällt kein japanisches Wort mehr ein, das mich zum Schreiben motivieren könnte. Alle Wörter sind tot, genauer gesagt, nicht die Wörter, sondern ich bin tot in dieser Sprache. Ich setze trotzdem japanische Schriftzeichen aufs Papier, eines nach dem anderen. Langsam fangen die Schriftzeichen an, Bilder, Wörter, Ideen hervorzurufen, um mit ihnen zu kommunizieren. Die Sprachen tun in einem solchen Moment so, als würden sie den Menschen bei einem Ausdruck helfen. Ich glaube aber nicht an den guten Willen der Sprachen. Sie sind die Monster, die am liebsten jeden »Ausdruck« zerstören wollen. Gerade diese Zerstörung habe ich bewußt als ein literarisches Verfahren gewählt. Ich will am Beginn jedes neuen Textes an den Punkt Null zurückgeworfen werden, den Punkt der

Sprachlosigkeit, an dem kein Satz selbstverständlich einen Sinn produzieren kann. Mich zieht am meisten die Literatur an, die diese Ohnmacht der Sprachlosigkeit kennt.

In den Neunzigern hörte ich in Deutschland immer öfter das Wort »Heimat«. Die Migranten werden oft wegen der sogenannten ›Heimatlosigkeit‹ bemitleidet, dabei drückt der Begriff der Heimatlosigkeit eher die Sehnsucht der Deutschen nach der Heimat aus als die Lage der in Deutschland lebenden Menschen anderer Herkunft. Für die letzteren ist die Melancholie, die mit dem Wort Heimatlosigkeit verbunden ist, oft schwer nachvollziehbar. Eine Bekannte von mir, eine Schriftstellerin, die aus politischen Gründen ihr Land verlassen mußte, erzählte mir einmal, daß die Migration für sie eine kulturelle Bereicherung bedeutete. Ihr Unbehagen verspürt sie nicht wegen des Verlassens des Geburtsortes, sondern wegen der Politik, die sie unter anderem zu dieser Entscheidung zwang. Es gibt seltsamerweise viele Menschen in Deutschland, die gerne hören, daß man durch Migration etwas verliere.

In meinem Fall habe ich dadurch, daß ich nach Hamburg kam, eine doppelte Fremdheit gewonnen. Dort bin ich einer Fremdprache begegnet und habe meine Muttersprache als eine Fremdsprache neu entdeckt.

Eines der wichtigsten Elemente der Literatur ist für mich das Schriftzeichen. Ich erinnere mich an einen Tag in meiner Kindheit, an dem ich mit dem Zeigefinger die japanische Silbe »ma« in den Sand schrieb. Ich war stolz, daß ich dieses Zeichen schon schreiben konnte, wollte es einer Freundin, die hinter mir stand, zeigen. Ich wurde aber plötzlich unsicher, ob das Zeichen nicht spiegelverkehrt geschrieben war, und zerstörte es schnell mit den

Fingern. Später in der Schule wurde ich manchmal von einer ähnlichen Unsicherheit überfallen: Wenn das Auge ein Spiegel war, reflektierte es alles spiegelverkehrt. Das hieß, ich mußte jedes Zeichen spiegelverkehrt schreiben, damit der Leser es richtig lesen konnte. Aber vielleicht ist das, was nicht spiegelverkehrt aussah, schon spiegelverkehrt, denn ich sah es auch durch meine Augen.

Später in Europa begegnete ich dem Motiv des Spiegels: in der Literatur E. T. A. Hoffmanns, Jacques Lacans *Das Spiegelstadium als Bildner der Ichfunktion* und so weiter.

Vor zehn Jahren machte ich eine Untersuchung über die mittelalterliche Literatur Japans und stellte fest, daß der Spiegel in den untersuchten Texten nie dazu benutzt wurde, das eigene Gesicht zu sehen. Vielmehr wurde der Spiegel von den Toten als Durchgang benutzt, durch den sie die Welt der Lebenden besuchen konnten.

Eines der Kinderbücher, an das ich mich oft erinnere, ist ein chinesisches Märchen über einen Zauberpinsel. Wenn man mit diesem Pinsel eine Schlange zeichnet, verwandelt sie sich in eine lebende Schlange. Damals war ich vielleicht sechs Jahre alt, ich konnte noch nicht genau das »Schreiben« von dem »Zeichnen« unterscheiden, weil beides auf Japanisch »kaku« heißt. Erst später, als ich beide Begriffe nicht mehr in der Silbenschrift, sondern in zwei verschiedenen Ideogrammen zu schreiben lernte, trennten sie sich klar voneinander.

Das Wort »kaku« bedeutet auch kritzeln, kratzen, oder ritzen. Darüber hatte ich mir nie Gedanken gemacht, bis ich Derridas *Grammatologie* las.

Als ich etwa sechzehn Jahre alt war, fing ich an, leidenschaftlich russische Literatur zu lesen. Damals waren aber Lesen und Schreiben zwei getrennte Tätigkeiten.

Ich las mit Begeisterung Dostojewski, Tschechow, Gogol, Puschkin und so weiter, aber ich weiß nicht, ob ich beim Schreiben von ihnen beeinflußt war.

Ich erinnere mich an eine russische Anekdote, die ich damals in einem Sprachunterricht las. Sie war unvergeßlich für mich, weil sie mir zeigte, wie sich die sogenannte Realität nach dem Geschriebenen richtet und nicht umgekehrt. Es geht um einen Architekten, der Tag und Nacht gearbeitet hat, um einen Entwurf für einen Wohnblock fertig zu stellen. In der Nacht vor dem Abgabetermin wird der Entwurf endlich fertig, aber in dem Moment fällt ein Tropfen Tinte auf das Papier. Sein penibler, gemeiner Chef würde ihn sofort entlassen, wenn er die Arbeit mit einem fetten Tintenfleck abgeben würde. Was tun? Seine Frau hat eine gute Idee. Sie gehen mit zwei großen Schaufeln auf den Schultern in die nächtliche Stadt, graben einen Baum aus einem Park und pflanzen ihn auf das Grundstück, auf dem der Wohnblock errichtet werden soll. Als der Chef am nächsten Tag den Architekten zornig fragt, was der Tintenfleck auf dem Entwurf soll, antwort er ruhig: Es sei ein Baum, der dort bereits stehe, und dieser Baum solle aus ästhetischen Gründen nach dem Bau des Wohnblockes weiterhin dort bleiben.

Ein Autor beschreibt nicht einen Baum, der schon dort steht, sondern er setzt ein Zeichen, ein Schriftzeichen oder ein Satzzeichen oder vielleicht einen Tintenfleck, und die Wirklichkeit richtet sich danach. Bei einem Tintenfleck ist besonders interessant, daß dieses Zeichen nicht bewußt vom Autor gesetzt wird, sondern durch einen Fehler des Autors erscheint. Und wer weiß, vielleicht ist dieser Tintenfleck vergleichbar mit einem Versprecher bei Freud.

Die Schriftzeichen sind Wesen auf einer Oberfläche, auf der aber Spuren hinterlassen werden. Was dieses Thema betrifft, faszinierten mich einige Texte von Walter Benjamin, in denen er über das Erlernen der Schrift jenseits pädagogischer Fragestellungen schrieb. Ein Kind, das Schreiben lernt, muß lernen, den vertrauten dreidimensionalen Raum zu verlassen und sich auf einer Fläche zu bewegen, und zwar auf einer bereits mit Schriftzeichen versehenen Fläche. Das Kind kann in sie eintreten, indem es die Schrift verdichtet. Viele Kinder beginnen früh, von selbst und ohne Zwang die Schrift zu verdichten, indem sie Bücher bekritzeln. Das heißt, die erste Schreibfläche ist bereits beschrieben, und es geht nicht um eine ›Vertiefung‹, sondern um eine ›Verdichtung‹. Benjamins Beobachtungen gehen weiter. Die Bewegung der Hand, die zum ersten Mal Schriftzeichen schreibt, ist mit Gefühlen wie Angst und Abschiedsweh verbunden. Diese Gefühle werden normalerweise im ›Erwachsen-Werden‹ vergessen. Jedoch die Menschen, die als Erwachsene ein neues Schriftsystem erlernen, erinnern sich manchmal an diese Gefühle.

Als ich zum ersten Mal nach Europa kam, war das Alphabet für mich nichts Exotisches. Es gibt in Tokyo viele Reklameschilder und Produkte, die im Alphabet geschrieben sind. Es ist für ein Kind nicht schwer, sich diese 26 Buchstaben zu merken, da es sowieso zwei- bis dreitausend Schriftzeichen in der Schule lernen muß. Aber seltsamerweise empfand ich das Alphabet erst dann als fremd, nachdem die deutsche Sprache für mein Schreiben unverzichtbar geworden war. Ich konnte bestimmte Gedanken nur im Alphabet entwickeln, dabei sah jeder Buchstabe so wundersam leer aus. Ich konnte nicht glauben, daß diese Zeichen irgendeine Bedeutung transportieren könnten. Während ich intensiv an einem Text arbeitete, fingen die Schriftzeichen an, auseinanderzufallen, und jedes Zeichen behauptete sich selbst als einen Körper ohne Botschaft. Das ist der Animismus der Schriftzeichen.

Es gibt verschiedene Schreibweisen, in denen der Schriftkörper des Alphabets ernst genommen wird: zum Beispiel Unica Zürns Anagramme, denen ich während meines Studiums in Hamburg begegnete. Daß ich auf ihre Literatur kam, habe ich Sigrid Weigel zu verdanken. Überhaupt lernte ich die meisten deutschsprachigen Texte, die für mich viel bedeuten, durch ihre Vermittlung kennen.

Als wir einmal in einem Seminar selber Anagramme zu schreiben versuchten, verbreitete sich unter den Studentinnen eine außergewöhnliche Aufregung und Heiterkeit. Normalerweise fanden die meisten Studentinnen es äußerst peinlich, Gedichte zu schreiben. Aber beim Anagramm-Dichten waren sie plötzlich offen, unbelastet, lustvoll, erfinderisch und frei von Moral- und Leistungsdruck. Ich saß erstaunt da und fühlte mich ausgeschlossen. Ich konnte die Freude an der Befreiung nicht mit ihnen teilen, wußte aber selber nicht warum. In keiner Seminarsitzung fühlte ich mich so einsam wie in dieser. Später bemerkte ich, daß die Anagrammdichtung für mich deshalb keine Befreiung war, weil jeder deutsche Satz mir schon wie ein Anagramm vorkam. Der Sinn drohte stets auseinanderzufallen, oder er erschien mir bereits als Bruchstück. Die Buchstaben verselbständigten sich in jedem Moment, ich mußte Wörter äußerst künstlich zusammenstellen. Dabei entstanden Texte, die ich nicht verstand oder die mich überraschten, wie man manchmal von einem eigenen Traum überrascht wird.

Das Anagrammatische ist der Alltag eines Menschen, der in einem anderen Schriftsystem lebt.

Ich werde manchmal gefragt, ob mein Interesse für den Schriftkörper aus der Tradition der chinesischen Ideogramme kommt. Ich vermute eher, daß es durch die Begegnung mit dem Alphabet geweckt wurde. Viele Elemente aus dem asiatischen Kulturraum, sei es das No-Theater, die Form des Romans von Murasaki Shikibu oder die des *Kopfkissenbuches* von Seishoonagon, haben für mich erst durch die Beschäftigung mit den europäischen Kulturen die Bedeutung erhalten, die sie heute für mein Schreiben haben.

Die chinesischen Schriftzeichen könnten für fremde Augen malerisch oder bilderreich aussehen, aber gerade bei ihnen ist der Sinn unzerstörbar zusammengehalten. Besonders für die japanische Sprache, die das chinesische Schriftsystem zum Teil übernahm, verkörpert das Ideogramm Logik, Abstraktion und Begrifflichkeit, während die Silbenschrift Gefühle, Stimmungen, Tonfall und Modifikation ausdrückt. Jedes Ideogramm hat mindestens eine Bedeutung, es entspricht meistens einem Wort, so daß man mit ihm kein Anagramm spielen kann. Neulich las ich, daß es in Japan Geisteskranke gebe, die neue Ideogramme erfinden. Es wäre vielleicht eine Entsprechung zu dem anagrammatischen Verfahren.

Es gibt eine Legende von einem blinden Straßenmusiker, der Hooichi heißt. Er spielte das Saiteninstrument Biwa und erzählte dazu die Geschichte vom Heike-Geschlecht, das im 12. Jahrhundert vom Genji-Geschlecht von der Macht vertrieben und zum größten Teil vernichtet wurde. Eines Tages hörte ein gebildeter Mönch zufällig Hooichi auf der Straße spielen. Sein Publikum, das aus dem einfachen Volk bestand, hörte ihm wie gebannt zu. Wenn der Höhepunkt kam, weinten viele von ihnen. Der Mönch verliebte sich in Hooichi, nahm ihn mit in seinen Tempel. Der Mönch bot ihm ein Zimmer und Mahlzeiten an, dafür sollte er dort wohnen und nur noch für ihn spielen. Hooichi freute sich, weil er sich nicht mehr vor Hunger und Kälte fürchten mußte. Das Volk auf der Straße, das Hooichis Stimme nie wieder hören konnte, war enttäuscht. Es gab noch eine Gruppe von Zuhörern, die Hooichi vermißten: Die Geister der Toten aus dem Heike-Geschlecht. Hier stehen drei Gruppen von Rezipienten in Konkurrenz: Das Volk, das Hooichis Stimme liebte. Der Mönch, der Hooichis Werk als ›reine‹ Kunst genießen wollte und den Künstler mit Geld und Macht unterstützte. Die Geister der Toten, die Hooichis Stimme brauchten, um im kollektiven Gedächtnis zu bleiben. Die Geister entführten Hooichi jede Nacht, brachten ihn auf ihren Friedhof und zwangen ihn, für sie zu spielen. Als der Mönch die Entführung der Geister bemerkte, ließ er auf die Haut von Hooichi einen Gebetstext schreiben, um ihn vor den Geistern zu schützen. Der ganze Körper wurde schließlich mit heiligen Schriftzeichen bedeckt, sie vergaßen aber, die Ohren zu beschriften. In der Nacht erschienen die Toten, sie wunderten sich, daß sie Hooichi nicht sehen konnten, sie sahen nur seine Ohren. Sie riefen Hooichis Namen, hörten aber keine Antwort. Schließlich zerrissen sie ihm die Ohren und nahmen sie mit. Hooichi biß die Zähne zusammen, schrie nicht und blieb bewegungslos im Dunkeln sitzen.

Die Rezipienten sind unwichtig für das Schreiben, aber ich kann ihre Macht nicht vergessen, wenn ich an Hooichi denke, an den blinden Musiker, Sänger und Erzähler mit dem beschrifteten Körper und den zerrissenen Ohren, der allein und blutbeschmiert zwischen dem Volk, dem Mönch und den Toten sitzt.

Ingo Schulze
Lesen und Schreiben oder

»Ist es nicht idiotisch, sieben oder gar acht Monate an einem Roman zu schreiben, wenn man in jedem Buchladen für zwei Dollar einen kaufen kann?«

MARK TWAIN

Ich war erleichtert, als mir die Veranstalterinnen dieser Vorlesungsreihe eine Seite mit »Leitfragen« schickten. Diese »Leitfragen« schienen eine Möglichkeit zu sein, festen Boden unter die Füße zu bekommen und mich vor Allgemeinplätzen wie »Es gibt überhaupt keine Entschuldigung dafür, ein schlechtes Buch zu schreiben« oder »Im Ernstfall ist bedrucktes Papier wertloser als unbedrucktes« zu bewahren. Denn wer behaupten will, daß es noch nie so gute Bedingungen für die Herstellung von Literatur gab wie heute, hat erdrückend viele Argumente auf seiner Seite – genauso viele wie die Vertreter der Gegenthese.

Die »Leitfragen« als Positionslichter einer Selbstverständigung, auch einer Selbstrechtfertigung vor mir, geriet ich allerdings gleich zu Beginn ins Stocken.

»Sie haben eine eigene Schreibweise entwickelt – wie ist sie entstanden?«

Finden Sie wirklich, daß ich eine eigene Schreibweise entwickelt habe? Ich glaube das nicht.

»Muß man heute anders schreiben als vor 10 oder 20 Jahren?«

Natürlich kann man heute genauso schreiben wie vor 10 oder 20 Jahren, aber es bedeutet heute etwas anderes.

»Gibt es für Ihre Arbeit ein ›zentrales Thema‹?«

Nein, ich hoffe, daß immer ALLES enthalten ist. Das, was als zentral anzusehen ist, stellt sich oft erst im nachhinein heraus.

Auf diese Art schien ich mich meiner Aufgabe in zwei Minuten zu entledigen, bis ich auf die Frage stieß:

»Wie entsteht ein Text?«

Sollte ich jetzt einfach Beispiele aufzählen, wie sich diese Geschichte oder jenes Kapitel herausgebildet haben? Vorher müßte ich jedoch klären, wie es überhaupt zu dieser Idee, zu diesem Stil, gekommen ist. Oder sollte ich nicht erst einmal fragen, warum schreibe ich überhaupt?

Ich habe sehr spät angefangen zu lesen. Erst mit dreizehn griff ich aus Langeweile zu einem Buch. Glücklicherweise geriet mir als erstes *Tim Thaler oder das verkaufte Lachen* in die Hände, zwei Bücher später ebenso zufällig: *Martin Eden* von Jack London. Darin geht es um den steinigen Weg eines Schriftstellers zu Anerkennung und Ruhm. Ich beschloß Schriftsteller zu werden und richtete mich auf Entbehrungen ein, die sich aber sicher lohnen würden.

Verglichen mit Jack London empfand ich meine Situation als hoffnungsvoller: Die Wahrscheinlichkeit, in der DDR hungern zu müssen oder die Miete nicht bezahlen zu können, war gering. Außerdem, ich spreche von den Jahren 1976/77, kam Schriftstellern im Osten eine ganz andere Rolle zu als in der kapitalistischen Welt, wo sich der Erfolg – siehe Jack London – vor allem in Geld ausdrückt. Bei uns hingegen zählten Schriftsteller zu den wichtigsten Persönlichkeiten überhaupt. Ein ganzer Staat konnte wegen einiger Liedzeilen in Aufruhr geraten, kein Name wurde so oft genannt wie der des Verfassers. Sollte es denn unmöglich sein, selbst solche Zeilen zu schreiben?

Außerdem war der Sozialismus, trotz aller Entstellungen und Perversionen, die entwickeltere Gesellschaft, also historisches Neuland. Über die alte Welt des Kapitalismus existierten schon mehr als genug Bücher – freiwillig würde ich nicht mit einem Schriftsteller im Westen tauschen.

Ich schrieb ausgiebig Tagebuch, weil ich alle schönen und glücklichen Stunden festhalten und nicht mehr verlieren wollte. Ich las Rainer Kunze und versuchte mich in ersten Gedichten. Hermann Hesse erschütterte und erhob mich. Franz Kafka machte mich ratlos. Ich las Thomas Mann und verstand nicht, was er dem Leser sagen wollte. Leonard Frank war in seiner Aussage klarer. Ich las Hemingway und wollte zum zweiten Mal Schriftsteller werden. Nichts erträumte ich inbrünstiger, als von der kalten, vom Sturm gepeitschten Rue de l'Odéon an den großen Ofen von Sylvia Beach zu treten, oder im Herbst, wenn das Licht im Luxembourg schwand, durch die Gärten hinaufzugehen, und in der Atelierwohnung Rue Fleurus 27 bei Gertrude Stein vorzusprechen. Manches war offensichtlich im Kapitalismus doch einfacher gewesen.

Zur gleichen Zeit wogte in mir der Kampf zwischen meinem christlichen Glauben und meinen Schreibversuchen hin und her. Als ich eines meiner »Gedichte« einem Freund aus der »Jungen Gemeinde« zeigte, fragte dieser nicht ohne Vorwurf: »Hast Du nie die Vergebung durch Jesus Christus erfahren?« Ich empfand Glauben und Schreiben als Widerspruch. Nichts sollte zwischen mir und der Welt stehen. Ich wollte keinen abfedernden

Trost, nichts, was ich a priori zu verteidigen hätte. Und da der Teufel ein Logiker ist, wurde ich Atheist. Meinem Schreiben nützte das nicht viel. Anfang der Achtziger, ich war nach dem Abitur für 18 Monate Soldat geworden, Solidarność probte den Aufstand, und die Friedensbewegung füllte im Osten die Kirchen und im Westen die Straßen, schrieb ich Geschichten, die ausnahmslos die Armee als Hintergrund hatten. Da wir nicht zur »brüderlichen Hilfe« nach Polen eilen mußten, obwohl Honecker den Einmarsch gefordert hatte, begann ich '83 mit dem Studium der klassischen Philologie in Jena. Doch als würde ich nichts anderes kennen, schrieb ich weiter über die Armeezeit.

Bei einer Lesung hatte ich den mir bis dahin unbekannten Schriftsteller Gert Neumann erlebt, ihn um seine Adresse gebeten und ihm ein paar Arbeiten geschickt. Eine kleine Erzählung gefiel ihm – leider nicht jene, die ich am besten fand. Aber diese eine Geschichte berge, so las ich, ein Geheimnis, weil ich um ein Schweigen herumgeschrieben hätte. Ich müßte nur weiter daran arbeiten. Vielleicht gelinge mir diese Geschichte.

Ich wurde für etwas zaghaft gelobt, das ich nicht recht verstand, geschweige denn beabsichtigt hatte. Ich wollte ein Buch gegen die Armee, gegen das Wettrüsten schreiben. Aber irgendwie kam ich nicht weiter. Die Armeegeschichten versandeten. Die Hemingwaysche Forderung, wahre Sätze zu schreiben, nahm ich ernst. Aber was ich auch versuchte, die Figuren und Dinge entzogen sich meinen Worten, als wollten sie mit mir nichts zu tun haben, als würde ich ihnen Gewalt antun. Mir gelangen einfach keine wahren Sätze. Nicht weil ich unter innerer oder äußerer Zensur litt, sondern weil ich es nicht schaffte. Alles wurde mir zum »Als ob«. Dabei empfand ich mich und meine Umwelt als sehr real, so wie Glück oder Schmerz im Osten nicht weniger wirklich waren als überall auf der Welt. In den nächsten acht, neun Jahren gelang mir nichts, was ich einem Schriftsteller hätte schicken können oder wollen. Trotzdem hätte ich damals wie heute die Frage: »Warum schreibe ich? Warum will ich schreiben?« relativ einfach beantworten können.

Vernachlässigen Sie einmal, daß man mit Schreiben unter Umständen auch Geld verdienen kann und daß der Wunsch, gekannt zu werden, bekannt zu werden, berühmt zu werden auch bei Schreibern wie Staub immer mitwirbelt und daß es eine Freude am Machen gibt, der es egal ist, ob es sich um eine Autoreparatur handelt oder um einen Roman. Wenn Sie also den Traum von Geld und Ruhm und die Macherlust abziehen, können Sie die Frage: Warum schreiben Sie? durch die Frage: Warum lese ich? ersetzen und selbst beantworten.

Zuerst bin ich immer Leser. Würde ich nicht lesen, würde ich auch nicht schreiben. Könnte ich mir ein Leben ohne Bücher vorstellen, würde ich keine schreiben. Ich werde unleidlich, wenn ich lange nicht zum Lesen (= Schreiben) komme oder nichts finde (= erfinde), was mich in seinen Bann zieht.

Warum aber ist das so? Warum lege ich einen Roman nicht mehr aus der Hand? Warum beglückt mich eine Erzählung? Warum kann ein Gedicht auf mich befreiend und tröstend wirken?

Eine vorläufige, Sie wahrscheinlich nicht befriedigende Antwort könnte heißen: Es liegt am Poetischen, oder – Sie werden es gleich wieder hören –, am Zauberwort. Um das zu erklären, nehme ich die Hilfe eines Schriftstellers in Anspruch, der einige wundervolle Erzählungen und Nachdichtungen geschrieben hat, der aber vor allem einer der ganz großen deutschen Essayisten ist. Ich spreche von Franz Fühmann. Ich bin ihm nie begegnet, habe ihm nie geschrieben, aber als er 1984 starb, hatte ich das Gefühl, einen Freund, vielleicht sogar meinen zukünftigen Mentor verloren zu haben. Franz Fühmanns Essay »Das mythische Element in der Literatur«, erschienen 1975, versucht auf die gestellten Fragen zu antworten. Daß ich an Überzeugungskraft verliere, wenn ich sechzig gut lesbare, doch hoch konzentrierte Seiten auf einige Zitate kürze, muß ich in Kauf nehmen.

»... das Erfahren geschieht nicht nur intellektuell, sondern mit dem ganzen Ich, das WAS und das WIE der Erfahrung verschmelzen, und ihr Gegenstand wird unbestimmt und ist am besten als eine Art Feld darzustellen, zu dem die Wirklichkeit der Außenwelt wie die Wirklichkeit der Seele gehört. ... Äußeres wie Inneres wirkt auf mich ein, und nun geschieht das Merkwürdige, daß diese Wirklichkeiten aneinander darstellbar sind. Ich kann entdecken, daß Wespenstiche nicht nur ins Fleisch, sondern auch in die Seele geschehen; ein höhnisches Gelächter kann mich solchermaßen treffen, die Einstichstelle in meine Psyche kann schwellen und sich verhärten und zu hämmern beginnen, und wenn ich dann Wut in mir brausen fühle, schwirrt sie vielleicht wie ein Wespenschwarm. Kurzum, ich kann einen an sich ja ungreifbaren Vorgang seelischer Innenwelt an Vorgängen der Außenwelt sichtbar und durch solches Sichtbarmachen auch verständlich machen und also erklären – ... Auf dieser ununterbrochen als selbstverständlich hingenommenen und doch höchst geheimnisvollen Fähigkeit des Einander-Entsprechens von psychischer und physischer Realität beruht auch die spezifisch ästhetische Mimesis.«

Fühmann zitiert Hiob. »Wenn doch mein Gram, mein Leid gewogen würde auf einer Waage, ganz genau, so wäre es schwerer als aller Sand, der an den Küsten der Meere liegt.« Das Gleichnis ist, wissenschaftlich gesehen, eine unwahre, eine unsinnige Aussage. Wenn ich dennoch an dieser Wahrheit einen Trost finden kann, dann deshalb, weil meine Erfahrung nur im Gleichnis objektivierbar, vergleichbar wird. »Ins Gleichnis eintretend«, schreibt Fühmann, »erweitere ich mein Ich um das Ich eines Andern, und dieser Andre wird als Meinesgleichen nun mein Halt. Das Gleichnis überzeugt mich, daß ich nicht allein bin.« Dadurch wird es möglich, »die individuelle Erfahrung, mit der man ja wiederum allein wäre, an Modellen von Menschheitserfahrung zu messen.«

Und: »Der sein Gleichnis formt, um *sein* Leid (man könnte hier hinzufügen: *sein* Glück; I. S.) zu bewältigen, stellt es zugleich zum Gebrauch für seine Brüder und Schwestern bereit, die der Gabe solchen Artikulierens nicht teilhaftig sind, und er hilft ihnen in ebendem Maße, in dem er rückhaltlos sagt, ›was ist‹.«

Das, was ich das Poetische genannt habe, was aber auch mit Gleichnis, Metapher oder dem mythischen Element beschrieben werden kann, ist »untheoretisierbare Erfahrung und Bestätigung meines Erfahrens, doch dieses Bestätigen hat übergreifend auch erklärende Gewalt, wenngleich in einem besonderen Sinn: Es erklärt Dinge, die wissenschaftlich unerklärbar sind.« Ich denke, daß auch Celan mit seinem »Gegenwort«, mit der »Atemwende« in diese Richtung weist.

Die »magische Macht des Namennennens« ist jedem Kind aus Rumpelstilzchen vertraut. Die Müllerstochter war dem Männlein in den schaurigen Wald gefolgt, hatte sich nicht gescheut, der Wirklichkeit ins Auge zu sehen und den verborgenen Namen ausgesprochen. Sie hatte gesagt, »was ist« und sich damit befreit.

Wenn eine Kultur, die so auf das Wort fixiert ist wie die jüdische, die Namen Gottes nicht nennt, so vor allem deshalb, weil damit schon der Weg der Entzauberung beschritten wäre. Die Namensnennung wäre eine Anmaßung.

Bei Eichendorff heißt es: Schläft ein Lied in allen Dingen, / Die da träumen fort und fort, / Und die Welt hebt an zu singen, / Triffst du nur das Zauberwort.

An dieser Stelle sollte ich einen Satz vom Anfang korrigieren: Im Ernstfall muß bedrucktes Papier keinesfalls wertloser sein als unbedrucktes. Wenn es wirklich drauf ankommt, ist vor allem bedrucktes Papier gefragt.

Ich könnte jetzt sagen: Ich schreibe, weil ich etwas geklärt haben will, was mich angeht, was mich beschäftigt, was mich schmerzt, was mich freut, und weil ich es anders nicht sagen kann als in einer Geschichte oder einer story oder einem Roman. Die Schwierigkeit ist nur, und insofern muß ich alles wieder einschränken, daß ich natürlich nicht weiß, wohin mich eine Geschichte oder ein Roman (oder eine Vorlesung) führen. Am Ende habe ich eine Geschichte auf dem Papier, die von etwas ganz anderem spricht, als ich gewollt hatte. Der Anlaß verliert sich beim Schreiben. Ideen und Begriffe, wenn sie nicht haltlos werden, verbrauchen sich als Katalysatoren und sind nicht mehr nachweisbar. Das Verhältnis zu einer Figur – und diese Figur muß sich ja überhaupt erst einmal aus einer Konstellation heraus entwickeln und Konturen gewinnen – ist in aller Regel am Ende der Arbeit ein anderes als zu Beginn usw. usf. Fühmanns Überlegungen bedeuten nicht: Hier Erlebnis, da Gleichnis, und nun knüpfe ich mein Gedicht oder meinen Roman an diese

Strippe. Wenn jemand sein Gedicht oder Romanmanuskript verteidigt, wird er bei Sätzen wie: »Aber so ist es doch gewesen. Das habe ich selbst erlebt!« disqualifiziert. Mit dieser Haltung schreibt man kein Gedicht, keinen Roman. Damit soll man zu Freunden gehen oder in Talkshows oder Selbsthilfegruppen.

Ich könnte versuchen, den Schreibvorgang an Hand eines Beispiels zu dokumentieren, um dann zu sagen: Der da macht seine Geschichten im Kopf fertig und hämmert sie dann nur noch in den Computer. Die da kritzelt einfach einen Satz hin, der ihr gerade einfällt und sieht dann zu, wie sie weiterkommt.

Ein Beispiel. Jemand erzählt mir von einem Bekannten, der auf offener Straße zusammengeschlagen wurde. Seither fährt er abends nur Taxi. Noch laufe ich ohne Angst durch die Straßen. Aber mir kann das auch passieren. Und wenn ich dann meine Freundin dabei habe?

Mann und Frau müssen rennen, fliehen – ich schreibe eine Geschichte über Gewalt auf der Straße. Wer erzählt? Wo? Wann? Denke an Hemingway, wie er ein Geschehen im Dialog enthüllt. Statte Mann und Frau mit Argumenten aus, Unterhaltung nach Flucht. Sie trägt nur einen Schuh. Wo ist der andere – ah, Moment, interessant. Sie hat einen Schuh verloren. Ist sie hingefallen? Was hat er dabei gemacht? Ein neuer oder ein alter Schuh? Beginne die Geschichte erneut. Wer holt zweiten Schuh? Wird er gebracht? Hätten vielleicht gar nicht rennen müssen? Was fällt dir bei Schuh ein. Aschenputtel, nachlesen, wieder von vorn ... usw. usf.

Anfangs dachte ich, es geht um Gewalt, aber eigentlich geht es um Erwartung, um Enttäuschung, um einen Rest Liebe, natürlich auch um Gewalt, um Angst. Oder ist das Thema des Kapitels: Neonazis nach '89 im Osten?

Man kann solche Abläufe analysieren, aber warum? Ähnliche Erfahrungen kennen alle, die mal einen Hausaufsatz oder eine Magisterarbeit anfertigen mußten (jeder kennt den toten Punkt, die Angst, Banalitäten zu produzieren usw.). Was zählt, ist am Schluß nicht das, was ich mir dabei gedacht habe oder bezweckte, wovon ich ausging und was mir dazwischengeriet, sondern das, was da steht. Denn daraus entwickeln die Leserinnen und Leser – aufgrund ihrer verschiedenen Erfahrungen und Bedürfnisse, die sie im Dialog mit dem Text überprüfen müssen – ihre Lesart. Und die kann berechtigterweise ganz anders sein als jene, die vielleicht der Schriftsteller im Kopf hatte oder Ihnen gar vorschlägt. Erst durch den Leser wird aus einem gebundenen Stapel bedruckten Papiers ein Buch. Ich habe meine Bücher durch Gespräche im Freundeskreis und das Lektorat, nach der Veröffentlichung durch Lesungen, Rezensionen und Übersetzungen zum Teil besser, zum Teil überhaupt erst kennengelernt.

Schreiben ist ein enormes Abenteuer – wie Lesen. Wenn die Motive in Bewegung geraten und man im Dialog mit ihnen ihrem Lauf folgt, kann Schreiben wie Lesen sein. Und manchmal ist Lesen wie Schreiben, wenn man das Buch vor sich wie eine Partitur aufgeschlagen hat und den Motiven nachspürt und sie wie ein ganzes Orchester für sich zur Aufführung bringt.

All das gibt mir aber keine Antworten auf die für mich, Ingo Schulze, äußerst wichtige Frage: Warum habe ich nicht schon mit zwanzig ein Buch geschrieben oder mit fünfundzwanzig?

Zu Recht werden Sie einwenden, daß ich damit nicht andere behelligen sollte, und ebenso zu Recht werden

Sie antworten, daß dies mit Erfahrungen zu tun hat, mit innerer Reife, mit der Kenntnis von Literatur, mit Zufall, gesunder Ernährung und was es sonst noch gibt.

Ich möchte Ihnen im folgenden kurz einige dieser Erfahrungen berichten, Literatur und Zufälle erwähnen, alles aber in der Hoffnung, damit auf etwas zu verweisen, von dem ich froh gewesen wäre, wenn ich es früher erfahren hätte. Mein Mitteilungsdrang gründet auch auf der Annahme, daß poetologische Fragen, mal mehr mal weniger vermittelt, jede und jeden betreffen, also kein Spezialfach darstellen, in dem nur Dichter und Denker auftreten.

Als ich Anfang 1993 für ein halbes Jahr nach St. Petersburg ging, um ein Anzeigenblatt aufzubauen, dachte ich nicht im Traum daran, darüber zu schreiben. Ich war gerade dreißig geworden, hatte ein Studium hinter mir, eine anderthalbjährige Karriere als Theaterdramaturg, eine kurze Zeit als bürgerbewegter Bürger auf den Straßen von Leipzig und Altenburg und eine knapp dreijährige Geschäftsführerschaft in einem Zeitungsverlag mit zwanzig Angestellten. Seit dem Herbst '89 war ich kaum noch zum Lesen gekommen, geschweige denn zum Schreiben. Außer den Armeegeschichten, deren Entstehung acht oder zehn Jahre zurücklag, fand sich nichts in meiner Schublade.

Als Ostdeutscher flog ich in der Rolle des westlichen Geschäftsmannes nach Osten, ich kam nicht mehr aus der DDR in die Sowjetunion wie noch im Sommer '89, sondern aus der Bundesrepublik nach Russland, nicht mehr nach Leningrad, sondern nach St. Petersburg. Was ich an Marktwirtschaft in den letzten Jahren gelernt hatte, lehrte ich jetzt und verdiente dabei das Hundertfache von dem, was einheimische Freunde und Mitarbeiter erhielten. Vor diesem Hintergrund – drei Jahre zuvor waren die Unterschiede unbedeutend gewesen – hatte man kaum die Möglichkeit, etwas nicht falsch zu machen.

Wenn Sie zu Anfang des Jahres '93 über den Newski-Prospekt in St. Petersburg gingen – die postsowjetische Variante der Marktwirtschaft war noch kein Jahr alt –, sahen Sie neben dem westlichen Parfümladen den staatlichen Gemüsehandel, davor hatten ein amerikanischer Zeitungsverkäufer und ein russischer Schuhputzer ihre Posten bezogen. Nationalisten, Royalisten, Kommunisten, Demokraten plärrten mit ihren Megafonen aufeinander ein, Hari-Krishna-Jünger wuselten um katholische Missionare und orthodoxe Priester, zwei Pelzdamen unterhielten sich neben der Bettlerin im Rinnstein. Die Gegensätze waren extrem und lagen dicht beieinander. Wenn Sie sich dann noch die Geschichte dieser Stadt vor Augen führen und bedenken, daß es in St. Petersburg so gut wie keinen Quadratmeter gibt, der nicht Schauplatz literarischer Großtaten gewesen ist, dann bekommen Sie eine Ahnung, auf welche Atmosphäre ich traf.

In Faxbriefen sandte ich meine täglichen Beobachtungen an einen Freund, dessen liebevoll kritische Erwartung sie mir abgefordert hatte und mich zum genauen Hinsehen und Formulieren zwang. Von da führt der Weg zu Skizzen, die ich – Ossip Mandelstams *Armenische Reise* als großes Vorbild – in den letzten Wochen meines Aufenthaltes begann. Aus einer dieser Skizzen entstand eine kleine Erzählung. Zurück in Deutschland schrieb ich weiter. Die zweite Geschichte geriet mir ganz anders als die erste. Ich las Bjeli, Sorokin, Puschkin, Lermontow, Mandelstam, Mamlejew, Gogol, Dostojewski, Charms, Prigow, Chlebnikow, Kawerin, Rubinstein,

Majakowski, Sostschenko, Brodski, Jessenin und andere, auch Märchen und Heiligenlegenden. Jedes Buch wurde zu einer Anregung, nicht nur, weil es an meine eigenen Erfahrungen rührte, sondern weil es mir auch Muster lieferte, die mich zur Sprache brachten, die mir etwas sagbar werden ließen. Ich übernahm Stile, Motive, einzelne Sätze oder versuchte nachzuerzählen.

Das Glück, das ich beim Schreiben empfand, wurde nur noch von meinem ungläubigen Erstaunen übertroffen, daß jetzt plötzlich möglich sein sollte, was ich so lange vergeblich versucht hatte. Vergleichbar aufgewühlt hat mich später die Annahme meines Manuskriptes beim Berlin-Verlag.

Die Mehrzahl der Rezensenten, auch der wohlmeinenden, merkten an, daß der Autor zwar hier und da gekonnt erzähle, aber er sage nirgendwo ICH, er habe *seinen* Ton, *seine* Stimme, *seinen* Stil, *seine* Schreibweise noch nicht gefunden. Eine Überschrift hieß: »33 Geschichten suchen einen Autor«. Auf Lesungen bekam ich zu hören: Aber wo sind Sie denn in ihren Geschichten? Wo sagen Sie ICH?

Solche Fragen machten mich ratlos. Das Schreiben war mir erst gelungen, als ich nicht mehr an mein ICH gedacht hatte, als ich nicht mehr nach meiner authentischen unverwechselbaren Stimme gesucht hatte, sondern mit Hilfe vornehmlich russischer und sowjetischer Literatur auf eine Situation reagiert hatte. In St. Petersburg hatte ich wiedergefunden, was meine ureigenste Erfahrung traf: Der Wechsel von einem Gesellschaftssystem zu einem anderen. Ein ICH im Sinne der Frager hatte ich dazu nicht gebraucht.

Eigenartigerweise waren mir immer jene Geschichten mißglückt, bei denen die Figuren russischen Boden verließen und nach Deutschland reisten. Ich versuchte es wieder und wieder, aber meine Figuren bekamen weiche Knie und knickten ein.

Es war Zufall, daß ich nach Abschluß meines ersten Manuskriptes Raymond Carver las. Plötzlich hatte ich einen Ton im Ohr, mit dem ich meine hiesige Gegenwart ansprechen konnte. Dadurch, daß ich versuchte, den Stil der short-story eines Anderson, Hemingway und Carver auf die ostdeutsche Provinz nach '89 anzuwenden, ließ sich etwas mitteilen. Zufällig war ich auf eine richtige Frequenz gestoßen. Erst jetzt war ich wieder in Ostdeutschland gelandet.

Bei meinem zweiten Buch war der Ruf der Kritik nach meinem ICH verhaltener. Daß ich auf nordamerikanische Tradition zurückgriff galt eher als lobenswert. Trotzdem muß ich mich fragen: Bin ich ein Plagiator, ein Scharlatan, ohne wirkliche eigene Substanz und Stimme? Braucht nicht gerade ein Schriftsteller ein wenn nicht gar genialisches, so doch ausgeprägtes, unverwechselbares ICH.

Vilém Flusser verglich das menschliche ICH mit einer Zwiebel. Jede Schale dieser Zwiebel ist eine Beziehung. Schält man die Zwiebel immer weiter, so bleibt nichts mehr von ihr übrig. Und so ist es auch mit dem um seine Beziehungen beraubten Menschen. Folgt man diesem Flusserschen Bild, dann ist das ICH die Gesamtheit meiner Beziehungen. Jede Beziehung zeigt aber ein anderes ICH, denn jedes Sich-In-Beziehung-Setzen entwickelt eine eigene Wellenlänge, bringt auf beiden Seiten etwas zum Sprechen, deckt dieses auf oder jenes zu. In der nächsten Begegnung ist es schon wieder anders. Man wird von sich und von anderen überrascht oder gelangweilt. Warum sollte das beim Schreiben anders sein?

Ich greife im folgenden zum Teil auf Gedanken zurück, die ich an anderer Stelle so oder ähnlich schon formuliert habe. Denn weder möchte ich darauf verzichten, noch kann ich diese Texte als bekannt voraussetzen.

In der Schrift *Der Bau des epischen Werks* von 1928 schreibt Alfred Döblin: »*jedem Sprachstil wohnt eine Produktivkraft und ein Zwangscharakter inne,* und zwar ein formaler und ein ideeller.« Diese verschiedenen Produktivkräfte hat Döblin benutzt. Aus keinem seiner Bücher kann man auf das vorangegangene oder das folgende schließen. Bei ihm war Stil eine bewußte Entscheidung, eine Wahl, nichts Beliebiges, sondern das Resultat: die Resonanz zwischen ihm und seinem Stoff, zwischen Idee und Sprache einschließlich der vorgefundenen Sprachstile.

In *Epilog* von 1948 heißt es: »Zudem hatte jedes Buch seinen Stil, der nicht von außen über die Sache geworfen wurde. Ich hatte keinen ›eigenen‹ Stil, den ich ein für allemal fertig als meinen (›Der Stil ist der Mensch‹) mit mir herumtrug, sondern ich ließ den Stil aus dem Stoff kommen.«

»Der ›Alexanderplatz‹«, schreibt Döblin weiter, »hat den ihm gemäßen Stil, wie der ›Manas‹ oder der ›Wallenstein‹ (die man freilich dazu kennen muß). Dies Buch war beim Publikum ein Erfolg, und man nagelte mich auf den ... ›Alexanderplatz‹ fest. Es hat mich nicht gehindert, meinen Weg weiter zu verfolgen, und die Leute, die Schablonenarbeit verlangen, zu enttäuschen.« In der Verweigerung eines eigenen Stils, statt dessen den Stil immer wieder neu im Dialog mit dem Stoff zu entwickeln, vertritt Döblin eine Tradition, der ich mich gern zuordne.

Spätestens seit Anfang der sechziger Jahre geschah in Moskauer Künstler- und Schriftstellerkreisen etwas, was sich mir aus heutiger Sicht wie eine Modifikation der

Döblinschen Tradition darstellt (für die bildende Kunst wäre Warhol der Bezugspunkt, bestünde da nicht Gleichzeitigkeit). Für mich sind diese Arbeiten so grundlegend, daß ich behaupte, mit der Kenntnis der Moskauer Konzeptualisten wäre ich schon zu DDR-Zeiten ohne »Schreibpause« ausgekommen.

Eine grundlegende Erfahrung dieser Künstlergruppe war die allgegenwärtige offizielle Sprache der Sowjetunion. Durch Radio, Fernsehen, Zeitungen, Transparente, durch Versammlungen und Resolutionen, durch Schulbücher und Lieder besetzte die offizielle Sprache alle Räume. Selbst wenn man sich dagegen wehrte oder sich nicht um die Existenz dieser Norm-Sprache kümmerte, so klang diese doch in jedem Gespräch mit. Immer stand man zu ihr in Bezug – abweichend oder übereinstimmend. Ihre Allgegenwart hatte aber auch zur Folge, daß man sie nicht mehr wahrnahm – so wie man einen Dauerton irgendwann nicht mehr hört. Versuchte man selbst aber eine Melodie zu pfeifen, machte sich dieser Dauerton als etwas Störendes und Falsches bemerkbar. Auf diese Erfahrung reagierten die Moskauer Konzeptualisten – für mich am eindrücklichsten in der Prosa von Vladimir Sorokin.

Wie bei einer Installation, die selbst den Kontext schafft, in dem ein Bild oder Objekt betrachtet werden soll, und die zugleich auf den Ort der Präsentation reagiert, bleibt bei Sorokin nichts ungebrochen. Alles wird episiert. Der Schriftsteller tritt aus seiner Rolle heraus – doch scheinbar nur, um etwas später wie im Märchen in seinem eigenen Bild, in seiner eigenen Geschichte wieder zu verschwinden.

Die Handlung ist immer auch (oder vor allem) eine Veränderung der Sprachebenen. In *Marinas dreißigste*

Liebe löst sich die Hauptfigur im offiziellen Kauderwelsch auf oder steigert sich wie in *Norma* in eine Wut hinein, so daß erst die Syntax verlorengeht, dann das Verstehen auf einzelne Worte und Silben schrumpft, bis schließlich nichts als Laut und Geräusch übrig bleiben.

Sowohl die Dissidenten (Solschenyzin) als auch die Neo-Nationalisten (Vertreter der Dorfprosa), als auch die Avantgarde traten mit dem Anspruch auf, Lehrer zu sein, Volkserzieher, Demiurgen. In dieser Eigenschaft beanspruchten sie die Wahrheit und die Macht über andere. Darin sind sie vergleichbar.

Das Aufeinanderprallen und Nebeneinander verschiedener Stile relativiert nicht nur die jeweils verkündeten, in ihrem Anspruch absoluten Wahrheiten, es legt auch die Verwandtschaft ihrer Ansprüche offen. Der Schriftsteller, egal wie authentisch und unverwechselbar er sich selbst gebärdet befindet sich nicht außerhalb dieser Sprachen. Er gehört zur »Familie«.

Man könnte das auch als den Willen beschreiben, die eigenen Voraussetzungen aufzudecken und somit den Gültigkeitsbereich für das Gesagte zu markieren, den eigenen Wahrheitsanspruch sofort zu relativieren.

Ich hoffe, dies in meinen beiden Büchern wenigstens versucht zu haben. Im ersten relativiert sich eine Geschichte an der anderen, ein Stil am anderen, eine Vorstellung von Glück an der anderen. Die Hoheitsgebiete begrenzen sich gegenseitig. Im zweiten, das eher einem Stil folgt, befindet sich vor jedem Kapitel eine Art Stolperstein gegen die Einfühlung, eine »Episierung« des Inhalts, die signalisiert: Ich kann das ganze auch anders erzählen, als Banalität, als simple Story, als die Zusammenfassung für einen Verriß.

Beide Bücher wären ohne die Erfahrung der Umwandlung eines wie auch immer sozialistischen Systems in ein wie auch immer kapitalistisches System so nicht entstanden. (Die Möglichkeit, zwei Systeme zu kennen, also vergleichen zu können, empfinde ich als Vorteil.) Diese »Transformation« ist aber nicht mein zentrales Thema, sondern der Stoff, in dem all die alten Geschichten von Liebe und Tod für mich Gestalt gewinnen.

Wenn ich das, was ich über den ICH-Begriff, die Auffassung des Stils bei Döblin und Sorokin zusammenfasse, möchte ich sagen: Es geht darum, das für meine Situation Angemessene zu finden. Ob ich perfekt imitiere oder ob dabei etwas Eigenes, etwas Neues entsteht, ist für mich bedeutungslos.

Bevor ich zum Schluß komme, möchte ich das an einem kleinen Experiment veranschaulichen. Wenn Sie 1988 sagen: »Unsere Nachbarn fahren nach Budapest«, dann heißt das: Die müssen ja Knete haben, zu viert Urlaub in Budapest! Zu welchem Kurs tauschen die denn schwarz? Wohnen sie bei Freunden oder auf dem Zeltplatz? Die wollen wohl ein bißchen Westen schnuppern (Filme sehen oder Konzerte hören, die es nicht bis in die DDR bringen) oder Verwandte treffen. Und wo sonst könnte man noch so angenehm im Thermalbad liegen.

Ein Jahr später bedeutet der Satz schlicht: Die wollen abhauen. Und wieder ein Jahr später: Wir machen billig Urlaub. Jetzt sind wir endlich richtige Deutsche, deshalb haben wir uns auch noch schnell ein neues Nummernschild besorgt. Wir wohnen im Hotel, und abends lassen wir die Puppen auf dem Tisch tanzen.

Sie können dieses Spiel mit jeder beliebigen Aussage machen. Ein und derselbe Satz ruft in verschiedenen Gesellschaften unterschiedliche Assoziationen hervor. Das leuchtet ein. Interessanter aber ist der Umkehrschluß, auf den es mir eigentlich ankommt. Was passiert, wenn ich, der etwas erzählen möchte, ein und denselben Satz, ein und denselben Stil auf zwei verschiedene Welten anwende?

Zwei Sätze wie: »Jim Gilmore kam aus Kanada nach Hortons Bay. Er kaufte dem alten Horton die Schmiede und den Eisenladen ab«, taugen für die DDR nicht: »Harry Nelson kam aus Dresden nach Bernau. Er kaufte dem alten Meyer die Schmiede und den Eisenladen ab.« Das ergibt keinen Sinn. So einfach ließ sich nicht über die Dinge verfügen. Wenn ich heute aber schreibe: »Harry Nelson kam ... aus Frankfurt nach Altenburg. Er suchte nach Häusern, vor allem aber nach Bauland an den Zufahrtsstraßen zur Stadt«, haben Sie den Anfang einer story, in diesem Fall das zweite Kapitel aus den *Simplen Storys*. Ich hatte versucht, *Up in Michigan* von Ernest Hemingway nachzuerzählen, und war überrascht, wie mühelos dieses Muster Gegenwärtiges in sich aufsaugte.

Ein Mietshaus war damals kein Kapital, ein Auto konnte man nicht so einfach kaufen. Ein Buch bedeutete mehr und zugleich weniger als ein Buch, eine Reise nach Budapest mußte nicht unbedingt eine Reise nach Budapest sein. Wenn Sie an diese Vergleiche denken, wird Ihnen vielleicht der Satz, daß mit dem Zeitenwechsel '89/'90 das Geld zu Geld wurde, die Dinge zu Waren wurden, verständlicher.

Ich könnte auch sagen: Das Muster Hemingway war für die DDR nicht angemessen. Die Bedeutung der Sprache, die Menschen in einem System benutzen, das vorrangig auf ideologischen Postulaten beruht, ist eine andere als die in einem System, das sich in erster Linie über die Ware, den Markt, das Geld zu regulieren sucht. Ich kann nicht ein und denselben Stil auf die Zeit vor und nach '89/'90 anwenden.

Das Angemessene als Gegenentwurf sowohl zu einem Fortschrittsdenken, das beispielsweise Hemingway ad acta legt, als auch als Gegenentwurf zur Beliebigkeit, die den Auflagenzahlen folgend das jeweils neueste goldene Kälbchen kürt. Wer nach dem Angemessenen sucht, für den gibt es keine veralteten literarischen Formen. Es gibt nur unangemessene Zusammenhänge. Zugleich wirkt auf mich dieses »Im Frühtau zu Berge, wir erzähln endlich-Wallerah« peinlich unbedarft.

Das Angemessene kann wie bei Döblin ein »moderner« Roman sein wie der *Alexanderplatz*, ein indisches Epos wie *Manas* oder ein »konventioneller« Entwicklungsroman wie *Pardon wird nicht gegeben*. Bei Sorokin kann es der Stil idyllischer Dorfprosa, Propagandaphrasen oder die Liturgie schwarzer Messen sein. Der Kitsch in Molly Blooms Monolog, am Ende des Ulysses, ist genauso am Platz wie das jede Farbschattierung, jede Geste auffangende Beschreibungsgeflecht eines Robert Musil oder das Wortgehäcksle der Telefonmonologe bei William Gaddis.

Ein heutiger Roman ist auch immer eine Antwort auf die Frage: Wie ist es noch möglich zu erzählen? Wir haben unsere Antworten zu geben, nach Homer und Faulkner, nach Petronius und Joyce, nach Melville und Kafka, nach Dante und Beckett, nach Döblin, Hölderlin, Gaddis, Goethe und Arno Schmidt.

Vielleicht ist es ein erdrückender Anspruch, doch weit mehr sind es Möglichkeiten, Anregungen, Ermunterungen, um für unser Jetzt und Hier das Angemessene zu finden, den Königspfad auf der Suche nach dem Poetischen, dem mythologischen Element, dem Gegenwort, der Atemwende, dem Gleichnis, der Metapher, dem Zauberwort – um zu sagen, was ist.

So wie ich hoffe, die Welt im Wassertropfen sehen zu können, so hoffe ich, indem ich versuchte, mich einer Frage zu stellen, auch andere Fragen berührt zu haben, was mitunter heißen kann, daß sich die Lösung eines Problems am Verschwinden der Frage zeigt.

Poetologische Überlegungen sind auch immer etwas traurig, weil sie das, worum es eigentlich geht, nicht herstellen können. Da es nichts Poetischeres gibt als einen Witz, möchte ich Ihnen zum Schluß noch einen meiner Lieblingswitze erzählen, der allerdings den großen Nachteil hat, daß ihn schon fast jeder kennt.

Als ich heute vormittag in den Zug nach Köln stieg, fand ich nur noch in einem ziemlich verrauchten Abteil Platz, in dem sich am Fenster zwei Männer gegenübersaßen. Auf mein Nicken hatten sie nicht reagiert, sie schwiegen. Plötzlich aber nannte der mir schräg Gegenübersitzende eine Zahl, ich glaube, es war die 9, worauf der neben mir in schallendes Gelächter ausbrach. Kurze Zeit später sagte dieser wiederum: Zwölf! Worauf der andere loswieherte und sich auf die Schenkel schlug. Das wechselte auf diese Art und Weise ein paar mal hin und her, ohne daß ich verstand, worum es hier ging. Ich versuchte bestimmte wiederkehrende Zahlenintervalle auszumachen, mühte mich um Quersummen oder versuchte Daten oder Jahreszahlen zu entschlüsseln – aber erfolglos. Wir näherten uns schon Wolfsburg, als ich endlich genug Entschlußkraft gesammelt hatte und fragte, was für ein Spiel sie denn da trieben. Erst schien es, als hätten sie die Frage überhört, dann aber gab der mir schräg gegenüber die knappe Auskunft: Sie hätten die ihnen bekannten Witze numeriert und sparten sich auf diese Weise das Erzählen.

Da ich ungern außerhalb des Kollektivs stehe bzw. sitze, nannte ich, noch ehe ich richtig darüber nachgedacht hatte, die Zahl 33, die meiner Meinung noch nicht vorgekommen war. Statt loszulachen sahen mich beide finster an.

»Haben Sie nicht so viele Witze?« fragte ich verlegen, obwohl schon weitaus höhere Zahlen genannt worden waren. Beide schüttelten den Kopf. »Erklär Du es ihm«, sagte der mir schräg gegenüber. Der neben mir räusperte sich, blickte auf meine Schuhe und dann in mein Gesicht. »Junger Mann«, erklärte er traurig, »die Dreiunddreißig muß man erzählen.«

Ich habe trotz der beträchtlichen Redezeit das Gefühl, Sie nur mit Zahlen bombardiert zu haben. Sollten Sie mich wieder einmal einladen, würde ich Ihnen gerne etwas erzählen.

Friederike Kretzen
Ist ein Pferd ein Text?

Sehen Sie, ich bin mit dem Pferd da. Es heißt Fury. Ist aber meine Großmutter, die eine Art Trojanisches Pferd ist. In ihrem Bauch die Wörter, die wissen und wachsen und dazwischen ist kein Unterschied. Wenn Sie hier dann endlich eingeschlafen sind, werde ich das Pferd öffnen und die Wörter herauslassen. Und die werden Sie auf Tatzen, Pfoten, Krallen und Engelsflügeln im Schlaf erobern. Schlafen Sie also ruhig, ich gebe mir derweil Mühe, was ja, wie Kluge sagt, eine Form von Glückhaben ist. Und wenn Sie dann träumen, angefangen zu haben, ich meine, wenn Sie träumen, den Anfang zu wissen, dann reiten wir weiter. Auf eben dem Weg, den uns die Wörter mit Bärentatzen, Taubenfüßen und Hundepfoten vorausgeeilt sind. Und der vielleicht doch zu einem Schreiben führt, das zurückkehren kann. Das zurückkehrt. Zurück allerdings, das wissen wir alle, geht es vorne herum, also raus. Ist da der Anfang?

Fury heißt mein Pferd. Es kommt aus meinem Schreibprojekt mit dem Titel *Ich bin's nicht*, und es soll von dem handeln, was Studieren bedeutet. Was für ein Zustand zwischen Wachsen und Wissen ist Studieren. Wie geschieht es, mit welchen Vorstellungen und in welchen Ausflügen. Spielen wird es in den sogenannten 70er Jahren. Ich war damals so etwas wie eine Studentin. Doch, – und so weit bin ich mit der Schreibarbeit mittlerweile, – weiß ich nichts mehr von dem, was da war, was da sowas wie Ich war, und was ich denken soll, wenn ich an die Zeit und den Zustand darin denke, weiß ich auch nicht. Immerhin bin ich dabei, neues und anderes von dem zu wissen, was jetzt ist. Und das ist womöglich der Anfang eines Schreibwegs. Ein Faden ist es bestimmt.

Schon der Ausdruck »siebziger Jahre« suggeriert, daß wir wissen würden, was damals war. Aber ich bitte Sie, was war damals? Und gibt es eine Erzählung, die das, was damals war, mit dem verbinden kann, was heute ist? Wo ist das, was damals war, hingeraten? Ich vermute natürlich, daß das, was damals ganz schön erregend und ungeheuerlich war, es heute immer noch ist, nur eben nicht zugänglich oder nur schwer. Die Gegend ist überblendet und aus den Zusammenhängen gerissen. Und da soll ich mich an der Gegenwart heute freuen, die mir suggeriert, ich könne unter anderem auch meine Lebensgeschichte in den Begriffen sechziger, siebziger, achtziger und neunziger Jahre vergegenwärtigen. Was ja im übrigen eine alte Geschichte im Umgang mit Geschichte ist.

In den siebziger Jahren ging ich an die Universität, um Soziologie zu studieren, und mußte feststellen, daß die Universität, zumindest bei den Soziologen, gerade nicht da war. Da war dann aber die Frauenbewegung, und die – es ist fast nicht mehr gesellschaftsfähig, das zu sagen – war wirklich ansteckend aufregend. Außerdem fuhr ich damals mit einem schwarzen Mercedes über Land nach Indien, und danach war sowieso alles anders und ich wußte restlos nicht mehr, was wirklich war. Aber darüber möchte ich jetzt nicht weiter sprechen. Schon wegen der Vergangenheitsform, die alles wieder schließt, was ich doch offen erzählen will. Also: Ich fahre nach Indien und höre Pink Floyd *Wish you were here*. Denn ich will wissen, wie ich etwas, das ich meine erlebt zu haben, von dem ich aber nicht mehr weiß, ob es so ist – wie ich das in dieser Offenheit, also ohne gesicherten Anfang und Ende erzählen kann. Und ich weiß vom Schreiben meiner bisherigen Bücher, daß je offener ich sie zu erzählen vermochte, desto genauer konnten sie mir antworten.

Ich will die Geschichte über Sein und Werden der Studentin im Präsenz erzählen, das heißt, sie in die Gegenwart schreiben. Und das heißt auch, nicht mehr zu wissen, ob ich sie überleben kann. Etwas vom schwierigsten beim Schreiben ist, wenn da so ein Gebiet sich langsam abzeichnet, wie und wo und was da spielen soll, aber davor und vor den Wörtern steht plötzlich die Angst. Was bedeutet diese eingejagte Angst als Begriff und Bild und nicht als Metapher? Wann, wie und wo geschieht dieser Begriff, der ein Bild ist? Nun, eine Antwort, die ich darauf gefunden habe, ist Fury. Fury ist mir aus dem Fernsehen raus mitten in mein Herz geritten. Damals schaute man eben noch so fern. Doch leider ist Fury auf der anderen Seite von meinem Herz wieder rausgelaufen. Dabei hätte ich Fury gerne darin behalten und anstelle von Jesus. Dazu aber kam es nicht. Meine Prägung durch Medien also: Im Herzen Niemand. (Ist ja aber auch nur wieder eine List, den einäugigen Zyklopendingern hingerufen, um aus der Höhle rauszukommen.)

Allerdings bin ich ja mit meiner Trojanischen Großmutter hier. Gewiß werden Sie nichts dagegen einzuwenden haben. Großmütter stehen ja für Erzählen, orale Tradition und vorsprachlichen Geräuschraum. Gut, so gehen Großmütter durch und rein. Und dann sitzen sie bei Ihnen neben dem Bett, und nachts gehen diese Großmütter auf und heraus kommt außer Getrappel, Geflatter und Gekratze zunächst nichts. (Bei Michel Serres gibt es den schönen Ausdruck vom Trippeltrappel des Eros.) Doch hat sich der Raum als ganzer verwandelt. Er ist nun dicht. Voll. Und auf eine Weise abgeschlossen, der sich nichts entgegensetzen läßt. Es gibt kein Außerhalb mehr, das heißt, der Raum ist auch kein Innenraum. Ich möchte dies einen räumlichen Zustand intensiver Gleichzeitigkeit nennen, und ich kenne ihn von meiner Großmutter. Die ihn räumlich verkörperte. Oder soll ich sagen, körperlich verräumlichte? Verläßlich und unverrückbar präsent war mit ihr so etwas wie das Meer der Sprache da. Das heißt, alles war mit allem verbunden. Obwohl ich kein einziges Wort von ihr habe. Sie hat mir keines gegeben. Aber ich spüre sie den ganzen Raum ausfüllen. Spüre sie da sein, spüre sie sitzen und schauen. Ich habe an ihr und von ihr gelernt, was Anwesenheit ist. Jene schwebende meine ich, die den Raum so erfüllt, daß er überall ist. Und die ich mit meinem Schreiben nachzuahmen versuche. Schreiben ist ein durch Wörter Zugänglichmachen von in Wörtern liegenden, ruhenden, schlafenden, träumenden und die Messer wetzenden Zuständen.

Nie ging ich mit meiner Großmutter aus dem Haus. Nie ging ich neben ihr. Sie ging auch nie an meiner Seite. Sie richtete kein Wort an mich. Sie sprach nicht. Sie sagte ja und nein und ich wußte, wann sie böse war. Die Kinder waren die Kinder und ich ein Teil des Kinder-Wir oder Kinder-Ihr. Ich sah sie ins Schlafzimmer gehen. Sie ging von ihrem Stuhl zum Herd. Langsam und schwer. Ich kannte ihre Beine von unter dem Tisch. Es waren eindeutig welche von Elefanten. Uralt. Vielleicht waren es auch Bäume. Meine Großmutter hätte ein Gemälde sein können, und ich wäre bei ihr im Gemälde groß geworden. Nicht innen, nicht außen, aber im Bild. Präsent.

Und alle kamen und saßen bei ihr. Sie war ein Haus und Dach. Der Lumpensammler kehrte bei ihr ein, der Heftpflasterhändler, der auch Schnürsenkel führte, und an einem Bein von ihm fehlte ein Fuß. Dafür hatte er Krücken und sparte Schnürsenkel für den Verkauf. Es gab viele mit dem gleichen Sortiment und anderen fehlenden Teilen. Sie saßen bei meiner Großmutter und bekamen ihren Kaffee und den Korn. So war die Regel. Natürlich waren auch die Schlafmänner da. Und meine Tanten. Und eine von ihnen war auch meine Mutter.

Meine Großmutter ist der Raum, der von ihr im innersten durchwirkt wurde. Was weit weg war und ganz nah. Und dessen Wachsamkeit sie mir mitgab – sie sperrte mich darin ein. Dieser Gleichzeitigkeitsraum intensiver Präsenz ist alles, was ich lernte und was ich weiß. Und was ich nicht weiß, wenn ich den Raum verlasse. Bleibe ich aber darin, dann habe ich keine Sprache. Ich muß mich schützen vor dem Raum. Seiner, sagen wir einmal, Vorspachlichkeit, den in ihm vorherrschenden Rhythmen und kugelförmigen Bewegungen. Ich fürchte stets, keine Form für das, was ich in diesem Raum weiß und wissen will, zu finden. Was bedeutet, nicht aus dem Raum herauszukommen, nicht in die Welt. Zugleich aber ist er alles, was ich Welt nennen möchte.

Woran ich wieder und immer arbeite, ist eine weitere, auch andere Entfernung, auch Entsetzung dieses Raums in bezug auf mich. Was mich entsetzt. Auch ausschließt. Was wiederum eine alte Geschichte ist. Und von Anfang an mein Schreiben durchdringt. Der Raum, ich meine, die Küche meiner Großmutter mit all den Menschen darin ist in der Sprache nicht vorgesehen. Wenn ich aber unvorhergesehen rein will mit dieser Küche, dann bedeutet das eine Arbeit an der Sprache, in die und mit der zu schreiben ist, daß wir nicht aus Ursprüngen kommen, daß uns nichts transzendiert, sondern daß wir, wie Deleuze es fürs Denken sagt, aus wandelnden Wüsten der Immanenz kommen. Die Küche meiner Großmutter – diese Präsenz, die sie ist, ist kein Ursprung. Er verschlingt nicht und er erlöst nicht. Daß dieser Raum jedoch verschlingend und erlösend behandelt wird, hat etwas mit Denk- und Sprachmustern zu tun, die Sprache und Denken ausschließen, sobald diese sich den Auflösungen von Mustern, Bedeutungen und Formen zuwenden. So daß weiterhin gültig bleiben soll, daß Küchen keine Geschichte sind. Daß Mütter verschlingen und daß es gut ist, wenn alle wissen, daß keiner weiß, daß diese Bedeutungen Rumpelstilzchen heißen.

Was ich auch schreibe, ich baue mir zuerst einmal ein Haus aus Sätzen. Ich muß mich einrichten. Erst dann fange ich an zu schreiben. Das Wort Haus ist eine gute Großmutter. Aber auch all die Wörter, die helfen, ein Schreibhaus zu bauen. Zumindest eine Küche. In der Küche schreibe ich am liebsten. Beispielsweise schreibe ich: Als ich ein Kind war, war ich kein Kind. Zumal es doch hieß, Kinder vergessen, und ich vergaß nicht. Und ich fand es nicht in Ordnung, was sie mit Max und Moritz gemacht hatten. Ich sah es nicht ein. Aber ich wußte, daß wenn ich mich ganz klein machte, konnte ich überall sein. Überall war allerdings nur an jenem bestimmten Ort, ich meine hier.

Sehen Sie, mein klarstes Bild der Sprache – und Sie werden meine Großmutter sofort erkennen – ist ein

Raum, in dem steht ein Tisch und ein Stuhl. Darin hausen die Wörter. Auf dem Tisch liegt ein Blatt, darauf steht: ein Bild ist kein Bild. Und: kein Bild ist ein Bild. An diesen Sätzen gehen die Wörter rein und raus. Gehen fort und kehren zurück. Denn hier in diesem auf- und hingeschriebenen Zimmerchen nimmt das Schreiben für mich immer wieder seinen Anfang. Dieses Zimmerchen selber ist ein Blatt, und darauf steht, es ist ein Zimmerchen.

Wenn Sie mir noch weiter in das Zimmerchen folgen, das mein klarstes Bild der Sprache beherbergt, würde ich beispielsweise sagen: Ich kann etwas, das nicht da ist, hinschreiben. Ich kann es als nicht da hinschreiben und als da. Dann ist es beide Male da. Einmal ist es als nicht da da und einmal als da da. Klar in diesem Beispiel ist einerseits die Lücke und andererseits ein Aufgehen im nicht da Sein, das da Sein ist. Also ein Ort. Ich meine, ein Bleiben. Jedes Wort, das wir hier in diesem Zimmer sagen oder schreiben, ist zugleich ein Stuhl, der in einem anderen Zimmer der Wörtergemeinschaft fehlt. Also zu wenig ist. Das aber setzt die Sprache in Bewegung. Vielleicht Richtung Jerusalem, wohin schon die Reise des Kinderspiels ging, bei dem ich, wenn ich mich recht erinnere, immer da stand, wo der Stuhl zuwenig war.

Es geht mir als zentrales Thema meines Schreibens um diesen als Kind erfahrenen Raum, der zugleich der Raum meiner Kindheit ist. Kindheit liegt nicht hinter, sondern vor uns. Wenn ich schreibe und damit ich weiterschreiben kann, muß dieser Raum offen sein. Und zwar immer wieder anders offen. Das bedeutet für mich Arbeit an der Sprache. Und schließt Arbeit am gesunkenen Kind ein. Auch am toten Kind. Kind von Toten auch. Erst starb mein Vater. Mitten in meiner revolutionären Phase. Jahrelang dachte ich, ich muß meinen Vater heilen, ihn wieder gut machen. Ja, ihn gebären. Es gibt einen solchen Traum. Da gebäre ich ihn aus der Lunge. Aus dem Mund. Später werden mir viele Zähne gezogen – wie doch sonst nur den Frauen in den fünfziger Jahren bei Gesichtsneuralgien oder wenn sie in die Wechseljahre kommen. Noch später, an meinem vierzigsten Geburtstag, stirbt meine Mutter. Kind von toten Eltern. Von Toten. Ich habe sie von Anfang an in meinen Knochen gespürt. Ich war schwach auf der Lunge. Meine Eltern hatten in mir ihr Totenreich ausgebreitet. Meine Mutter, gezeugt vier Tage vor dem Eintritt Deutschlands in den ersten Weltkrieg. Da war mein Vater schon sieben Jahre alt. Zehnter Sohn einer Familie von Kommunisten. Er war keiner und wollte etwas Besseres werden. Sie sehen, dichte Auftragslage für das Einzelkind. Kinderschatz im Sprachmeer der Küche, Elternschatten auf der Kinderlunge. Geburt des Vaters aus der Tochterlunge. Schreibend durch die Wüste kommen. Mein Vater war 1928 bis 1933 als französischer Fremdenlegionär in Algerien. Niemand hat ein Wort darüber verloren. Diese Wüste meine ich. Und all das lag in der Küche meiner Großmutter. Lag da und war nicht begraben. Nur geschlossen. Das war, was die Küche von allem, was draußen war, trennte. Zugleich mit allem, was in der Luft war, verband. Nicht außen, nicht innen, nur angehalten. Alles und jedes im Bild. Hier waren keine Wörter, nur ihr Raum. Ihr Brutraum. Allerdings ist hier in diesem Fall Wort und Bild nicht zu trennen. Und sie sagen: Komm rein. Und: Da bist du ja, Fury. Wie wär's mit einem kleinen Ausritt.

Es gab auch andere Räume, in einem gab es die Märchen von Schallplatte und meinen Kopf in der verspiegelten Musiktruhe. Die Märchen sagten, es war einmal. Es war einmal, ist ein Weg. Weg weg. Und Weg hin. Weg weg von Märchen auch und durch sie durch. Das ist das Offene an den Märchen: Auf ihrer anderen Seite lebt alles, was nicht gestorben ist – Wörter und Wünsche, und ich glaube, ganz kleine Kinder, die so klein sind, daß sie noch nicht einmal zu sehen sind. So wie ich in der Küche meiner Großmutter. Auch wenn ich schon größer war und mit meiner Mutter Bus fuhr oder vorne auf dem Fahrrad durch den Wald an einer Lärchenanpflanzung vorbei, und jedesmal sagte meine Mutter, die wurden angepflanzt, als du auf die Welt kamst. (Seitdem, verstehen Sie, weiß ich, es ist die Lerche und nicht die Nachtigall. Ich will einfach nicht erwischt werden, nicht vom Morgen, nicht von der Familie und auch nicht von dem, was landläufig als Liebe angetrapst kommt – nichts als Verwechslungen.)

Ich konnte mir mit der Zeit sagen, es war einmal. Das war für mich der Anfang vom Schreiben. Dieses Gefühl in der Küche meiner Großmutter angeschlossen zu sein an einen Raum intensiver Gleichzeitigkeit, als ob er voll Wasser oder voll Meer wäre, voll Geschichten war er allemal, und am Grund all die, die nicht mehr leben und noch heute nicht gestorben sind. Die also nicht durch die Märchen durch auf die andere Seite gelangt waren. Und wenn ich leise, wegen Unsichtbarkeit, mir dann sagen konnte: Es war einmal, mußte ich nicht länger am Grund liegen, sondern konnte mich fragen: Was ist nur mit uns geschehen.

Hätte ich nicht den Weg des »Es war einmal« gehabt, ich wäre wahrscheinlich schlicht und einfach psychotisch geworden. Wie vor mir zwei meiner Tanten, die es nur einfach gut getarnt haben, und dann kam auch schon der zweiten Weltkrieg, und da fiel das nicht weiter auf.

»Es war einmal« legt Entfernungen zurück. Und zwar nicht zwischen Orten, sondern in mir zwischen verschiedenen Zuständen. Mit den Märchen lernte ich Wege durch mich durch zu finden und mich mit mir zu verbinden. Was nichts anderes ist als Entfaltung und Raumgewinnung. (Leibniz würde das Zeugung nennen.)

Ich glaube, ich arbeite noch immer so. Ich sage zunächst und zu mir, es war einmal. Dann, daß sie nicht gestorben sind. Wo aber sind sie. Dahinter natürlich. Ich sage, kommt rein. Und wirklich, sie kommen raus. Was nicht mehr dasselbe ist, sondern was anderes. Jetzt kann ich weiterarbeiten, ich meine reiten, auf der eingejagten Angst beispielsweise, die ist was sie ist und ist was anderes. Begriff nämlich, mit Händen zu greifen und selber mit Hand und Fuß da. Es ist dies eine alte Kinderstrategie, Sätze umzukehren und von hinten zu betreten. Es sieht dann alles anders aus, und ist ein Ausblick. Wenn ich mir meine Notizen der letzten Monate angucke, dann schauen mich da lauter mit Wörtern und Sätzen hingezeichnete Häuser wie auf Kinderzeichnungen an. Die Umrisse der Häuser stehen, die Verteilung der Zimmer ist von außen durchsichtig, doch darin ist noch nichts. Muß noch kommen, und ich weiß nicht, wer und was das sein wird.

»Es war einmal« war auch eine Art Faden, hielt mich an der Leine und war der Vorläufer von Schrift. Ich konnte auf der Sofakante liegen und mir vorstellen, runterzufallen. Ich machte die Augen zu und fiel sofort und der Boden öffnete sich und ich fiel weiter, allerdings nicht schneller, nicht Richtung Zerschmettern, sondern hin zum Fliegen, oder Schweben, Lerche in einem Kasten, und ich hing am Faden von »Es war einmal« und »Leben sie noch heute«. Erst an ihm konnte ich mich in diese Entfernung hinablassen. Hallo, rufe ich von der Sofakante runter, wo ich eine Lerche bin in einem dunklen Zimmer. Ich denke an die Kartons, in denen ich den Tieren, die ich irgendwo verletzt gefunden hatte, eine Bleibe einrichten wollte. Und immer war so ein Geschrei um die Luftlöcher in dem Karton. Es müssen große Luftlöcher sein, sagte Tante Idi, größere, sagte meine Mutter. Und doch starb der Vogel oder der Frosch. Ich hatte auch mal einen Igel. All die unrettbaren Tiere meiner Kindheit sind jetzt in diesem Zimmer, in dem ich vom Sofa aus an einem langen Faden als Lerche schwebe. Ich mußte sie mitnehmen, ihnen in die Augen sehen, auch wenn ich vor Schreck, sie so nah zu sehen, fast nichts sah. Wir hatten solche Angst, der kranke Vogel und ich, wenn er in dem Schuhkarton saß, aufgeplustert und die Augen schwarz und undurchdringlich. Ich fürchtete, er stirbt an meiner Nähe. Und oft war es ja so. Das lernte ich an aufgelesenen Vögeln mit gebrochenen Flügeln oder verdorbenem Magen. Ich bettete sie auf Moos oder Blätter und sah zu, wie Tante Idi ihnen mit dem Teelöffel Kondensmilch von der Firma Libbys einzuflößen versuchte. Auf dem Löffel ein See aus gelblich weißer Libbysmilch. Und über dem See die schwarzen Augen des Vogels auch ein See. Und Spiegel. Auge in Auge bin ich zur Hälfte schon ganz Vogel. Dann das graue Lid, und zieht einen Schleier zwischen uns. Ich weiß nicht, wie die Vögel starben, nur wie sie tot in der Kiste lagen und die Vermutung laut wurde, es sei zu wenig Luft in dem Schuhkarton gewesen, die Luftlöcher zu klein. Muß ich noch erwähnen, daß wenn in dem Schuhkarton auch nur kleine Meisen, Rotkehlchen, Amseln und Frösche ihr Hospital und meist auch ihren Sarg fanden, daß ich, sobald ich mich von diesem Karton entfernte, die größten und schönsten Tiere darin liegen wußte? Rehe, einmal ein Hirsch mit Geweih, Katzen selten, Hunde nie, aber ein Eichhörnchen, ein Nashorn und dann noch einen Luchs.

(Außer Libbys Milch gab es auch noch die von Bärenmarke, und die brachte den Bären ins Liebes- und Milchgeschehen. Immerhin war die Milch ja in Dosen, und keine Werbung brachte Mütter oder Kühe in die Nähe der Milch. Die wäre ja dann auch direkt verdorben gewesen.)

Aus meinen Tieren im Schuhkarton sind meine Wörter im Schreibkarton geworden. Denn ich will den verletzten Vögeln und Kleintieren noch immer eine Bleibe geben. Ich meine, ich will, daß sie nicht sterben müssen. Und ich möchte die Wörter als Vögel im Karton nach Hause tragen, sie mit Libbys-Milch füttern, und dann wegfliegen.

Ich muß Ihnen an dieser Stelle sagen, daß ich gerne Bob Dylan wäre. Schon weil ich nie so jung war wie er. Ich meine, als er alles wußte, was ich lernen mußte. Außerdem weil er sang und so viel wußte in seinem Singen, vor dem ich nur Angst hatte. Wie ich vor der ganzen Rockmusik Angst hatte. Ich hatte Angst vor den Trieben. Und ich wußte, ich kann mich nicht zusammenreißen. Ich lernte ohne Musik, ohne Singen, aber mit so einem Ton im Kopf – einem Jagen, Überwinden, Weiterjagen –, mich zusammenzuhalten. In einer Kiste, ich meine, einem Studierzimmerchen. In dem Film *Pat Garret jagt Billy the Kid* singt Dylan dieses schöne Lied von *Knocking on Heavens Door* und von Billy, der einfach keine Schnitte hat gegen Pat Garret. Was sich wie folgt anhört: Oh Billy, you are far away from home. So eben ist es.

Bis jetzt habe ich so etwas wie Entwicklungsgeschichten geschrieben. In denen Wachstum und Wissen die Erzählform begründeten und durchwucherten. Auch *Ihr blöden Weiber* war eine solche Entwicklungsgeschichte, nur einfach in umgekehrter Richtung. Die alten Frauen wachsen am Ende des Lebens ihrem Anfang zu. Und sie wissen auch, daß der Tod nicht das Ende ist, sondern eine Öffnung – zumindest eine der Erzählung. Robert Walser wünscht sich entsprechend: »Daß man im Tode doch auch den Tod noch fühlte und genösse.«

Eine meiner liebsten Autorinnen ist Catherine Colomb. Ich habe sie erst vor ein paar Jahren entdeckt. Ihre *Recherche du temps perdu* ist so ungeheuer radikal und nicht weniger komplex als die Prousts. In ihren vier Romanen sind vom ersten Satz an Tote, Lebende und noch nicht Geborene zugleich da. So daß auch alle, die sich in ihren Romanen versammeln und auf planetenartigen Satzkreisbahnen bewegen, einmal gestorben sein müssen, um zu leben, um abermals zu sterben und um noch nicht geboren zu sein. Sie werden geboren, schon heiraten sie und sinken auch schon hin, wo sie gleich wieder als noch nicht Geborene auftauchen. In Colombs Texten können Tische gehen, Bäume denken, Wolken Pferde sein, und ein Schiff voller toter Kinder auf dem Grund des Sees tritt seine Reise um die Welt an. Die Toten schauen aus Bildern an der Wand und sehen die Lebenden auf der Terrasse über dem Genfer See sitzen, und sie finden, sie sehen wirklich komisch aus. In diesem ungeheuren Zeitraum, in dem die Texte der Colomb geschehen – diese Zeit also als Erzählzeit nochmal verdoppeln –, versammelt sich alles und verbindet sich jedes in äußerster Präzision. Scharf und brutal werden die Festlegungen, die das Leben bedeutet, werden die Verleugnungen, die die einen den anderen angetan haben, hervorgerufen. Nicht um zu urteilen, nur damit sie da sind.

Fragen Sie mich nun nicht, wie die Colomb das macht, ich glaube, sie ist immer wieder von der Sofakante in dieses Loch im Boden gefallen – dieses Loch im Boden der Sprache, durch das es hinter die Sprache geht. Oder davor.

Eine andere mir sehr wichtige Autorin ist Hilda Doolittle, H. D., deren Prosatexte grundlegend davon leben, was Hermione im gleichnamigen Roman immer wieder konstatiert: »Menschen sind ein Teil von Namen. Namen sind ein Teil von Menschen.« Die Doolittle bildet in ihren Texten so eine Art Bildfläche, die sie dann im Erzählraum herumschiebt. Beide, Erzählraum wie Bildfläche, sind fungibel, und zusammen dringen sie in Gegenden vor, die lineares Erzählen – was immer das auch sein mag – nicht kennt. Zeiten, Namen, Menschen und Orte sind durcheinander, aber geordnet. Das eben kann Sprache. Es gibt im Roman *Hermione* eine Szene, in der sich plötzlich der Unterschied zwischen Erzählen und Ernähren aufhebt bzw. der Zusammenhang von beidem klar wird. Parallel dazu löst sich auch der Unterschied zwischen Gebären und Geborenwerden auf. Hier ist also auch die reine Immanenz des Erzählraums am Werk.

Gertrude Stein ist für mich die Denkerin der Sprache. Vieles verstehe ich nicht in ihren Texten. Aber ich sehe und erfahre, daß ihre Texte der Sprache Zustände erschließen, die den Geist des Menschen bedeuten.

Während ich dies fertigschreibe und ganz was anderes schreibe, als ich schreiben wollte, sitze ich in Venedig. Aber haben Sie keine Angst, ich verspreche es Ihnen, ich werde nie einen Venedigroman schreiben. Doch lerne ich von dieser Stadt. In der sich Menschen noch heute so bewegen, wie ich es auf den Gemälden der Renaissance sehen kann. Zudem ist dieser urbane Raum von Stimmen und Schritten erfüllt. Und eben nicht Natur, was am Wasser liegt, das ein Meer ist.

Unter dem Vorwand, die Bilder in den Kirchen besser sehen zu können, habe ich mir ein Fernglas gekauft. Und sitze hier am Tisch und beobachte mit meinem Fernglas gegenüber auf der anderen Kanalseite eine Katze. Sie wohnt dort in einem Karton, ist sterbenskrank, hat keine Zähne mehr, und stirbt nicht. Seit dreieinhalb Jahren stirbt sie nicht. Es gibt eine noch gar nicht so alte Frau, die ihr mittags und abends Fressen bringt. Sie kommt immer mit vielen Tüten, denn sie versorgt hier den ganzen wildlebenden Katzenbestand. Für die Katze gegenüber aber sorgt sie besonders. Erneuert ihr den Karton und die Zeitungen, auf denen sie liegt. Ich lerne an dieser Katze eine andere Vorstellung von Leben, eine, die was mit Licht, Kälte, Wind und Dasein zu tun hat. Und ich bin immer kurz davor, über jede – sozusagen – Äußerung der Katze Buch zu führen.

Das andere, was ich beobachte, ist eine junge Familie mit einem mittlerweile eineinhalbjährigen Kind. Als das Baby noch sehr klein war, konnte ich ein paar Mal beobachten, wie es von Vater und Mutter auf dem Tisch im Wohnzimmer in einer Plastikwanne gebadet wurde. Ich gestehe ihnen das, und meinen Schrecken ob solcher Szenen. Ich bin mir mittlerweile sicher, als Italiener oder Italienerin auf die Welt gekommen zu sein, bedeutet, es immer bleiben zu müssen.

Als Einzelkind, als Kind von uralten Eltern kenne ich die Unentrinnbarkeit solch dichter Konstellationen. Und zugleich suche ich im Schreiben eben diesen Raum der totalen Anschlüsse wiederherzustellen. Bilder, von denen ich auch noch gerne gesprochen hätte, sind für mich solche Räume. Ich brauche sie für meine Arbeit.

Was ich mir für mich wünsche, ist, nicht immer solche Angst haben zu müssen, verlorenzugehen. Das heißt, nicht immer solche Angst zu haben, die Sprache zu verlieren bzw. nicht zu ihr zu finden. Das ist, ich weiß, ein frommer Wunsch. Ohne Angst wär's auch nicht so schön. Fury könnte ihnen ein Lied davon singen. Und Thomas Hobbes fand in der Angst seine einzige große Leidenschaft.

Schließlich glaube ich, ich weiß nicht, wie Schreiben geht. Ich weiß nur, wenn es geht, daß es geht. Ich hoffe dann immer, es nimmt mich möglichst lange mit. Sie wissen schon, wegen dem Faden und dem »Es war einmal«.

Marcel Beyer
Licht

In den vergangenen Tagen ist es für Anfang Januar ungewöhnlich warm. Bis dahin gab es mitunter klaren Himmel, wenig Wind und hohe Temperaturen über Tag, doch mit dem Sonnenuntergang wurde es kalt. Nun aber hält sich eine Wärme durch die ganze Nacht zwischen den Häusern, und noch am späten Abend sitzen wir und trinken Kaffee auf der Straße.

Auf den Spaziergängen der letzten Nächte, wenn wir die Müllwagen, die Tiere und bald leeren Straßen sehen, ist mir noch einmal klargeworden, daß ich, so lange ich zurückdenken kann, Gänge bei Nacht denen bei Tageslicht im Grunde immer vorgezogen habe. Wenn ich etwas von meiner Umgebung sehen will, gehe ich im Dunkeln. Auf den Spaziergängen der letzten Nächte bin ich darauf gekommen, daß mich beim Lesen und beim Schreiben Fragen von Helligkeit und Dunkel vielleicht weit mehr beschäftigen, als mir bislang klar gewesen ist.

Wir sehen die Abfälle am Straßenrand gestapelt, die Müllsäcke sind schwarz, Canal Street, Bowery und Mott Street. Wären die zwei leuchtenden Punkte nicht, könnte ich die Katze nicht sehen, wäre sie nicht da. Allein aufgrund der zwei leuchtenden Punkte wird die Gestalt ergänzt, sehe ich ihre Umrisse im Dunkeln, dort beim Gemüsestand, vor einem Rolltor, auf dem befeuchteten Asphalt.

Nach Einbruch der Dunkelheit nimmt das menschliche Auge keine Farben wahr, nur mehr Abstufungen von Licht, bei Nacht gibt es die Welt nur in Schwarzweiß.

Ich weiß nicht, ob ich, ob überhaupt ein Mensch im Traum farbig sehen kann. Ich weiß, ich habe, wenn ich mich an Träume erinnere, auch Farben vor Augen, ich habe nicht den Eindruck, alles nur schwarzweiß gesehen zu haben. Die Farben sind schwach, sie schimmern nur leicht aus der Dunkelheit herauf. In meinen Träumen muß der Himmel weitgehend bedeckt sein, ich kann mich nicht erinnern, in einem Traum je hinauf zum Himmel geschaut zu haben. Ich weiß von keinen Träumen mit hellem Himmel, aber ich weiß doch von Farben.

Und trotzdem bin ich mir nicht sicher. Habe ich diese Farben tatsächlich gesehen, oder ist mir nicht doch alles schwarzweiß erschienen, und ich habe den Gegenständen die Farben zugeordnet, ohne sie zu sehen, einfach aus dem Grund, weil ich die Gegenstände an ihrer Gestalt erkannt habe.

Vielleicht gibt es auch zwei Arten von Träumen, die einen in Farbe, die anderen in Schwarzweiß. Ich stelle mir vor, schwarzweiß träumt ein Mensch bei Nacht, farbig nach Sonnenaufgang. Ich stelle mir vor, daß ich dem Licht entsprechend träume. Die Träume gestalten sich abhängig vom einfallenden Licht, das auch im Schlaf durch die Lider dringt. Im Dunkeln träume ich in Graustufen, so wie auch mein offenes Auge die Umgebung wahrnehmen würde. Beim Schlaf in Helligkeit dann kommen Farben in das Traumgeschehen, so wie mir das Auge in wachem Zustand bei Morgengrauen den Eindruck vermittelt, die Farben kehrten nach und nach in die Gegenstände zurück.

Ich weiß nicht, ob ich mich farbig erinnern kann. An einzelne Farben kann ich mich erinnern, wenn mir eine Farbe aufgefallen ist und ich mich im Erinnern auf sie konzentriere. Aber ich weiß nicht, ob die Erinnerungsbilder grundsätzlich Farben haben, oder ob sie nicht in Graustufen erscheinen, und mir fällt dieser Unterschied zur Wirklichkeit nicht auf.

Auch Photos, Film- und Fernsehbilder in Schwarzweiß sehe ich schließlich ohne ein ständiges Bewußtsein, daß hier etwas nicht stimmen kann. Sofern ich die Beschaffenheit, Konturen und Bewegungen erkenne, beschäftigen mich auf solchen Bildern die Farben weiter nicht. Erst in einem Moment, wo einer Farbe besondere Bedeutung zukommt, erinnere ich mich daran, daß ich sie nicht vor Augen habe.

Wenn es so ist, daß sich der Mensch in erster Linie schwarzweiß erinnert, wenn in der Rückschau Bilder mit zunehmendem Alter nicht verblassen, sondern von Farbe ins Schwarzweiße gleiten: Wo könnte dann der Zeitpunkt anzusetzen sein, an dem dieses Umschlagen erkennbar wird? In welcher Entfernung ändert sich die Farbigkeit? Wenn ich mich jetzt erinnere, was ich vor einer Stunde gesehen habe. Gestern. Vor einem Jahr. Als ich zwanzig war. In früher Kindheit. An welchem Tag wird das Erinnerungsbild schwarzweiß.

Die erste Überlegung ist, es könnte von den technischen Entwicklungen abhängig sein, mit denen ein Mensch aufgewachsen ist. Wer seine Kindheit zur Zeit des Schwarzweißfilms verbracht hat, wird Bilder in Schwarzweiß vor Augen haben. Mit der Einführung des Farbfilms ergibt sich eine Aufteilung in bewegte und unbewegte Bilder, weil im Familienalbum noch die Schwarzweißaufnahmen stecken. Und dann die krassen, wie kranken Farben von den Farbphotos auch in der Erinnerung. Wer mit dem Farbfernseher aufgewachsen ist, wird endlich sämtliche Bilder der eigenen Vergangenheit in Farben sehen.

Dies mag die erste Überlegung sein. Es gibt aber einen Haken: Wir können niemanden mehr nach seinen Kindheitsbildern fragen, der vor Erfindung der Photographie aufgewachsen ist, zu einer Zeit, als etwa in der Malerei selbstverständlich mit Farben umgegangen wird. Farbige Darstellungen hat es immer gegeben, und doch scheinen bestimmte Zeitabschnitte und Bereiche ausschließlich mit schwarzweißen Bildern verbunden zu sein.

Literatur ist eine Angelegenheit in Schwarzweiß. Bald nach Beginn der Arbeit an *Flughunde* wurde mir klar, daß der Roman als Buch einen schwarzen Umschlag brauchte.

In *Flughunde* spielen die zentralen, wenn nicht die meisten Szenen unter Ausschluß von Tageslicht, und soweit ich mich erinnere, gibt es im ganzen Roman kaum ein halbes Dutzend Bilder bei Sonne, unter klarem Himmel. Ich habe dies in erster Linie in einem Zusammenhang mit dem Motiv der Stimme, des Gehörs gesehen. Bei Dunkelheit löst das Gehör das Auge ab, die begrenzten Fähigkeiten des Auges lenken die Aufmerksamkeit auf das Ohr. Menschen erkennt man weniger am Gesicht als an der Stimme. Das Bild vom Menschen verändert sich.

Nachdem *Flughunde* erschienen war, habe ich einmal in einem Gespräch halb im Scherz gesagt, vielleicht werde ich ja als nächstes eine Sommergeschichte schreiben. Tatsächlich spielt dieser Roman, an dem ich nach

Flughunde zu arbeiten begonnen habe, in weiten Teilen unter freiem Himmel, im Frühjahr und im Sommer und bei hellem Tageslicht.

In diesem Text ist das Gehör nicht der zentrale Sinn, menschliche Stimmen spielen hier kaum eine tragende Rolle. Und dennoch merke ich, daß ich beim Überarbeiten Tagszenen in die Nacht verlagere, daß nach und nach entstehende Szenen mit immer weniger Tageslicht auskommen. Der sommers wie winters frühe Sonnenuntergang in Marrakesh hilft mir dabei. Das Winterlicht in Stockholm auch, der Himmel schon am Morgen so, als würde es nun jeden Moment dunkel werden.

Oder es entstehen Szenen am Tag, die trotzdem ohne jedes Licht auskommen: Der Blick durch eine Kofferraumhaube, die Fahrt in einem geschlossenen Kofferraum. Der blanke Bildschirm des Schwarzweißfernsehers nach einer Störung im Nachmittagsprogramm, bevor das übliche Ersatzbild geschaltet wird.

Wenn Lichtfragen für mich eine besondere Bedeutung haben, dann, überlege ich, kann dies genauso auch beim Lesen wichtiger sein, als mir bisher bewußt gewesen ist.

Es gibt Bücher, zu denen ich immer wieder zurückkehre, drei kommen mir auf Anhieb in den Sinn. Das eine, *Reise durch die Nacht* von Friederike Mayröcker, habe ich lange nicht wiedergelesen, bei *Absalom, Absalom!* von William Faulkner und *Geschichte* von Claude Simon bin ich über die Anfänge noch immer nicht hinaus.

Die Eingangsbilder aller drei Bücher habe ich vor Augen. Ein Schlafwagenabteil bei Nacht, doch die Erzählerin findet keinen Schlaf, am Fenster zieht eine unbekannte Landschaft vorüber, es regnet, glaube ich, aber von der Landschaft ist nichts zu sehen.

Ein Zimmer, warm, die Fensterläden sind geschlossen. Das helle Sonnenlicht kommt durch die Ritzen, ein junger Mann und eine ältere Frau sind zu erkennen, sie ist offenbar seit längerem in Erinnerungen verfangen, dem jungen Mann wird das Zuhören langweilig mit der Zeit, und in der Luft ist Staub.

Wir sehen den Erzähler spät am Schreibtisch sitzen, für einen Moment hebt er den Blick, schaut in den Baum vor dem Fenster. Das Licht der Schreibtischlampe reicht bis in die Zweige, das Laub im Vordergrund scheint hell, mit zunehmender Entfernung wird die Beleuchtung schwächer.

Drei Eingangsbilder, in denen den Lichtverhältnissen hohe Aufmerksamkeit zukommt. Die Lichtintensität, der Einfallswinkel, die Quelle und die Frage, welcher Teil einer Szenerie zu sehen ist und welcher im Dunkeln liegen bleibt. Drei Anfänge zudem, deren Lichtvorführung in der Folge auf Fragen des Erinnerns, der Vergangenheit hinlenken wird.

Nach dieser Stichprobe beginne ich zu ahnen, daß ich beim Lesen unwillkürlich von solchen Szenen angezogen werde, in denen ich den Lichteinfall ausmachen kann. Szenen, in denen Lichtverhältnisse geschildert werden, bleiben mir offensichtlich haften, auch wenn mir die aufmerksame Handhabung von Licht beim Lesen nicht bewußt gewesen ist.

Beim Fernsehen fiel mir in den letzten Tagen auf, wie der Wechsel von Farbe zu Schwarzweiß zu einem einfachen Signal geworden ist. Er übernimmt die Aufgabe des kurzzeitig verschwimmenden Bildes, der Überblendung und des dazugehörigen Harfenklangs. Sobald die Wirklichkeitsebene einer Sendung verlassen wird, wenn also eine Rückblende stattfindet, wenn jemand sich erinnert oder in Tagträume abzuschweifen beginnt, wird diese zweite Ebene durch den Wechsel zu schwarzweißen Bildern angezeigt.

Und hierbei spielt Zeit keine Rolle, der Farbverlust hängt nicht mit der Epoche des Schwarzweißfilms zusammen, die Vergangenheit kann einen Tag zurückliegen, die Szene ist im Film vielleicht vor wenigen Minuten erst gelaufen, ist eine Vorstellung eben jetzt in der Gegenwart: Schwarzweiß bedeutet schlicht, hiermit haben wir die geltende, die gegenwärtige Wirklichkeit verlassen.

Ich stelle mir vor, das menschliche Gehirn kennt diesen Trick schon lange. Wenn ich ein schwarzweißes Bild vor Augen habe, signalisiert mir das Fehlen von Farben, daß ich auf der Ebene meiner Vorstellung bin. Wie nach Einbruch der Dunkelheit, wenn meine Augen nur mehr schwarzweiße Bilder wahrnehmen und ich weiß, daß ich bald schlafen und ins Traumgeschehen gleiten werde.

Denke ich an die Aufmerksamkeit für Lichtverhältnisse, an die Handhabung von Schattierungen, an den genauen Umgang mit Licht auch in der Literatur, dann kommen mir Arbeiten aus Japan in den Sinn.

Zwei Bücher Junichiro Tanizakis haben in *Flughunde* ihre Spuren hinterlassen. Zum einen *Die geheime Geschichte des Prinzen Musashi*, ein Roman, dessen zentrale Szenen unter Ausschluß des Tageslichts spielen, zum anderen, sicherlich bekannter und in den Spuren leichter zu erkennen, *Lob des Schattens*.

In Europa ist der Essay *Lob des Schattens* oft als eine kondensierte Darstellung japanischer Ästhetik wahrgenommen worden, während man ihn in Japan selbst eher als die ein wenig verschmockte Kampfschrift eines

Schriftstellers gelesen hat, der sich von seinem früheren Werk abzusetzen sucht. Wer aber bei der Lektüre weder auf der Suche nach einem Programm noch nach Exotik ist, der kann daraus eine andere Aufmerksamkeit für Lichtverhältnisse ziehen.

In der letzten Zeit ist es unter den japanischen Autoren mehr noch Yasushi Inoue, dessen Texte mich auch im Hinblick auf meine eigene Arbeit interessieren. Ich denke an den Anfang von *Shirobamba*: Bei Sonnenuntergang kommen die Kinder des Dorfes vom Spielen in der Umgebung zurück, und während sie nach Hause ziehen, erscheinen Flocken in der Luft. Falter, Kokons, den Kindern unbekannte Fliegen, die sie zu greifen suchen, wie Schneeflocken werden sie beschrieben. Die Kinder rufen einen Namen, das Titelwort, am Abend hallen die Rufe anders als bei Tag, die Flocken hell, das Licht verschwindet.

Für mich ist der Blick für Helligkeit und Dunkel in Werken japanischer Autoren auch darum reizvoll, weil Licht nicht als das Gegenteil von Dunkelheit auftaucht. Nicht zwei einander ausschließende Erscheinungen, sondern Schattierungen, Übergänge, ein Verhältnis.

Und damit bleiben Konnotationen außen vor, die in der christlich-abendländischen Lichtvorstellung die Aufmerksamkeit für die Qualität konkreten Lichts einschränken. Vielleicht fehlt es mir als europäischem Leser an Kenntnissen, aber ich erlaube mir, mich bei japanischer Literatur nicht um moralische und religiöse Konnotationen zu kümmern. Zudem habe ich das Gefühl, mich nicht darum kümmern zu müssen, ich werde nicht darauf gestoßen. Die Licht- und Dunkelbilder finde ich hier nicht vor dem Hintergrund, am Ende müsse das Licht die Dunkelheit besiegen.

Licht und Schatten, da schimmert in Europa über die Zeit immer derselbe Antagonismus durch. Nachdem der Kampf der hellen gegen die dunklen Mächte lange in der religiösen Bildlichkeit aufgehoben gewesen ist, bringt schließlich die Aufklärung das Licht ins dunkle Mittelalter.

Das Netz der Straßenbeleuchtung in den Städten wird nach und nach dicht, noch immer scheint also der Aberglaube nicht besiegt, in der dunklen Wildnis draußen hielten sich wie die Tiere auch die Geister auf, lichtscheu und immer auf der Lauer, ob ein Mensch den ausgeleuchteten Bereich verläßt.

Die Andersartigkeit, das Undurchdringliche, das Böse geht von den Geistern auf den Menschen über, wenn er sich vorwiegend im Dunkeln bewegt: Der Detektiv dringt in die schlecht beleuchteten Gebiete vor, in Gassen, Höfe, aufgegebene Plätze, und in die dunklen Kneipen mit den fensterlosen Hinterzimmern. Er leuchtet in die Abgründe hinein, er klärt Verbrechen auf, er bringt das Licht in dunkle Machenschaften.

Heute liegen im ganzen Abendland Fußgängerzonen und Prachtstraßen zu jeder Tageszeit in hellem Licht, bis zum Zusammenbruch der Systeme. Und wo die Stadt die Tageswärme abstrahlt, liegt auch der Himmel nachts in rotem Licht. Vor ein paar Tagen strichen wir bei Nacht hier durch ein Randgebiet, im Halbdunkeln, bis uns die Suchscheinwerfer der oben kreisenden Aufklärungshelikopter streiften.

Licht schließt das Dunkel aus, Dunkel das Licht. Durch die Geschichte ist jedes neu entstehende Medium mit Hilfe dieser Lichtbildlichkeit bewertet worden. Das Buch, der Film, die Diskussionen über Fernsehen in den siebziger Jahren. Heute das Internet, Dämonisierung oder Euphorie, scharfe Beobachtungen aber kaum. Nachdem der Personal Computer die Lichtverhältnisse am Arbeitsplatz standardisiert hat, sitzen wir alle nun im selben Licht. Ausreichend Licht, um genau hinzuschauen, denke ich.

Ich fürchte mich nur wenig in der Dunkelheit, ich kenne auch die Furcht vor dunklen Texten nicht. Mich interessiert das Dunkle nicht als Feind des Hellen, mich interessiert, wie sie gemeinsam ein Verhältnis bilden. Mich interessiert konkretes Licht, die Abstufungen und der Einfall. Bilder, nicht Bildlichkeit. Jede Symbolik verstellt mir da den Blick.

Bei schwachem Licht verändert sich die Aufmerksamkeit meines Auges. Bei Nacht gibt es weniger Bewegung auf der Straße, und langsame Bewegungen sind schwieriger zu erkennen. Bei Nacht wird so das Auge vielleicht aufmerksamer für bewegte Objekte, schnelle Bewegungen müssen auch rascher ausgemacht werden, weil sie Gefahr bedeuten könnten.

Zugleich liegt auch ein anderes Augenmerk auf den unbewegten Objekten. Am Tag, wenn alles um mich herum in Bewegung zu sein scheint, wenn ich auch selbst auf der Straße kaum stehenbleibe, um mir etwas anzuschauen, sehe ich Unbewegtes stets nur einen Moment, und je kleiner das Objekt, desto kürzer der Anblick, desto größer die Wahrscheinlichkeit, es gar nicht erst zu entdecken.

Bei Nacht aber geraten Dinge in den Mittelpunkt, die tagsüber außerhalb des Blickfelds liegen. Die Plastikfolie oben in den Bäumen, das Dach auf einem öffentlichen Telefon, das Schild an einem Hydranten, Wellpappe und Filzerbuchstaben, bei Sonne bunt, der Handschuh vor mir auf dem Boden: In diesem Licht, zu dieser Tageszeit schaue ich sie weit länger und genauer an.

Nichts hängt von ihnen ab, sie haben keinerlei Bedeutung für meinen Nachtgang, ich finde auch nach Hause ohne sie. Und trotzdem bilden sie für einen langen Augenblick den Mittelpunkt der Szenerie.

Der Blick auf Gegenstände, die sich sonst im Hintergrund befinden. Nicht als Symbole oder in einem übertragenen Sinn. Dinge, die eher nebensächlich sind, für den weiteren Fortgang ohne Bedeutung, zumindest vorerst nicht erkennbar. Etwas am Rand, das die Aufmerksamkeit unwillkürlich auf sich zu ziehen scheint.

Neben dem Lichteinfall, den Lichtverhältnissen ist es solch eine Aufmerksamkeit für Gegenstände und Momente, die mich beim Lesen zu bestimmten Szenen hinziehen kann. Der wiederholte Hinweis, nebenbei, auf Plastikfolie in den Fenstern statt dem Glas, während sich zwei Figuren schleppend unterhalten.

Oft baue ich auch eigene Szenen um solch eine Beobachtung, ein Ding, einen Moment. Oder, genauer: Oft, fällt mir auf, enthält eine Szene, wenn ich sie als abgeschlossen betrachte, über das Geschehen hinaus einen solch nebensächlichen, mitunter wiederholten Blick. Und mir wird klar, es ist dieselbe Aufmerksamkeit wie in der Dunkelheit.

Demnach prägen sich mir auch Tagszenen tiefer ein, wenn sie mit dem Nachtblick gestaltet sind. Wenn ich Szenen schreibe, die im Tageslicht liegen, übertrage ich dazu offenbar Nachtszenen in den Tag. Eine Figur beachtet ihren Weg, ihre Umgebung kaum, sie achtet immerfort nur auf die eigenen Schuhe. Eine Figur spricht über Kindheit und Familie, aber sie kommt, unmotiviert, ständig doch wieder auf die Autoausstattung zu sprechen.

Die Lichtverhältnisse erst führen zu einer Szene, unbewußt, die Lichtverhältnisse lassen Szenen entstehen, auch wenn darin von Lichtverhältnissen nichts zu erkennen ist.

Es könnte sein, daß ich, ohne es zu merken, auch dann von den Lichtverhältnissen geleitet werde, wenn ich Momente aus Arbeiten anderer Autoren aufgreife, bei Anspielungen, Antworten und Parallelen, wie schwach auch immer, ob sie nun schimmern, durchschimmern oder nicht.

Etwa hier, am Beginn dieser Ausführungen, wo ich an Stendhals Anfang seiner Autobiographie gedacht habe: Den hellen Tag zur Nacht gemacht, den Ausblick über eine Stadt in einen Blick nicht fern vom Boden umgelenkt. Stendhal nennt einen Ort, den er am Morgen noch gesehen habe, er nennt ein Datum, das als heute angegeben wird. Der tatsächliche Schreibbeginn der Autobiographie aber liegt in einer anderen Zeit, an einem anderen Ort. Und auch das Licht, nehme ich an, wird ein anderes gewesen sein.

Ich sitze beim Fenster, der scharfe Wind geht um das Haus, sonst ist es draußen still. Bald wird die Dämmerung die Farben in die Gegenstände bringen. Und ich erwarte einen hellen, kalten Tag mit klarem Himmel.

Über die Autorinnen und Autoren

Marcel Beyer,
geb. 1965 in Tailfingen/Württemberg, lebt in Dresden. Zuletzt erschienen: *Flughunde*, Roman, Suhrkamp Verlag, Frankfurt am Main 1995, *Falsches Futter*, Gedichte, Suhrkamp Verlag, Frankfurt am Main 1997, *Spione*, Roman, Dumont Buchverlag, Köln 2000. U.a. Ernst-Willner-Preis, Förderpreis des Landes Nordrhein-Westfalen, Berliner Literaturpreis, Uwe-Johnson-Preis, Förderpreis des Freistaates Sachsen.

Thomas Hettche,
geb. 1964, lebt in Frankfurt am Main. Zuletzt erschienen: *NOX*, Suhrkamp Verlag, Frankfurt am Main 1995, *Animationen*, Essay, DuMont Verlag 1999. U. a. Rauriser Literaturpreis, Robert-Walser Preis, Ernst-Robert-Curtius-Förderpreis, Rom-Preis der Villa Massimo.

Friederike Kretzen,
geb. 1956 in Leverkusen, lebt in Basel. Zuletzt erschienen: *Indianer*, Bruckner & Thünker, Basel und Köln 1996, *Ich bin ein Hügel*, Nagel und Kimche, Zürich 1998. U.a. London-Stipendium der Stiftung Landis & Gyr, Werkjahr der Pro Helvetia, Werkjahr der Stadt Basel, Deutscher Kritikerpreis 1999.

Sibylle Lewitscharoff,
geb. 1956 in Stuttgart, lebt in Berlin. Zuletzt erschienen: *Pong*, Berlin Verlag, Berlin 1998, *Der höfliche Harald*, Roman, Berlin Verlag, Berlin 1999. U. a. Ingeborg-Bachmann-Preis.

Thomas Meinecke,
geb. 1955 in Hamburg, lebt bei München. Zuletzt erschienen: *The Church of John F. Kennedy*, Roman, Suhrkamp Verlag, Frankfurt am Main1996, *Tomboy*, Roman, Suhrkamp Verlag, Frankfurt am Main 1998. U. a. Kranich mit dem Stein-Preis.

Kathrin Schmidt,
geb. 1958 in Gotha, lebt in Berlin. Zuletzt erschienen: *Flußbild mit Engel*, Gedichte, Suhrkamp Verlag, Frankfurt am Main 1995, *Die Gunnar-Lennefsen-Expedition*, Roman, Kiepenheuer & Witsch, Köln 1998. U. a. Leonce und Lena-Preis, Lyrikpreis der Stadt Meran, Förderpreis zum Hans Erich-Nossack-Preis des Bundesverbandes der deutschen Industrie.

Ingo Schulze,
geb. 1962 in Dresden, lebt in Berlin. Zuletzt erschienen: *33 Augenblicke des Glücks*, Berlin Verlag, Berlin 1995, *Simple Storys. Ein Roman aus der ostdeutschen Provinz*, Berlin Verlag, Berlin 1998. U. a. Aspekte-Literaturpreis, Alfred-Döblin-Förder-Preis, Ernst-Willner-Preis des Ingeborg-Bachmann-Wettbewerbs, Berliner Literaturpreis mit Johannes-Bobrowski-Medaille.

Yoko Tawada,
geb. 1960 in Tokyo, lebt seit 1982 in Hamburg. Zuletzt erschienen: *Orpheus oder Izanagi*, konkursbuch, Tübingen 1998, *Opium für Ovid. Ein Kopfkissenbuch für 22 Frauen*, Prosa, konkursbuch, Tübingen 2000. U. a. Akutagawa-Shô, Lessing-Förderpreis, Adelbert-von-Chamisso-Preis.

Herausgeberinnen

Ulrike Janssen,
geb. 1967 in Leverkusen, lebt in Köln. Studium der Germanistik, Philosophie und Romanistik in Köln. Seit 1995 Lehraufträge am Institut für deutsche Sprache und Literatur, Köln. 2000 Promotion mit der Arbeit über *Heilige Zeichen. Die Produktion der »eigentlichen Wirklichkeit« in hermeneutischen Theorien.*

Ute-Christine Krupp,
geb. 1962 in Börsborn/Pfalz, lebt heute in Köln. Zuletzt erschienen: *Greenwichprosa*, Erzählung, Suhrkamp Verlag, Frankfurt am Main 1997, *Buchstaben, die man in einen Baum ritzt oder in eine Scheibe*, Hörspiel, DLR/ORF 1998.

Dank

Wir bedanken uns bei allen, die uns bei der Realisierung und Durchführung der Poetik-Reihe »Schreibfiguren« unterstützt haben:

Stiftung Kunst und Kultur NRW
WDR 3 – Westdeutscher Rundfunk
Ministerium für Arbeit, Soziales und Stadtentwicklung, Kultur und Sport des Landes NRW
SK Stiftung Kultur der Stadtsparkasse Köln
Agentur 21
Literaturhaus Köln e.V.

Ein spezieller Dank gilt allen Freunden, die uns geholfen haben, und den Studentinnen und Studenten des begleitenden Seminars an der Universität zu Köln.

Ulrike Janssen und Ute-Christine Krupp

Neuere deutschsprachige Literatur im Suhrkamp Verlag Eine Auswahl

Kurt Aebli
- Frederik. Erzählung. 109 Seiten. Gebunden
- Küß mich einmal ordentlich. Prosa. es 1618. 106 Seiten
- Mein Arkadien. Prosa. es 1885. 115 Seiten
- Die Uhr. Gedichte. es 2186. 90 Seiten

Gion M. Cavelty
- ad absurdum oder Eine Reise ins Buchlabyrinth. es 2031. 110 Seiten
- Endlich Nichtleser. st 3131. 120 Seiten
- Quifezit oder Eine Reise im Geigenkoffer. es 2001. 106 Seiten
- Tabula rasa oder Eine Reise ins Reich des Irrsinns. es 2076. 107 Seiten

Kurt Drawert
- Alles ist einfach. Stück in sieben Szenen. es 1951. 116 Seiten
- Haus ohne Menschen. Zeitmitschriften. es 1831. 120 Seiten
- Privateigentum. Gedichte. es 1584. 138 Seiten
- Spiegelland. Ein deutscher Monolog. es 1715. 157 Seiten
- Steinzeit. es 2151. 160 Seiten

Esther Dischereit
- Joëmis Tisch. Eine jüdische Geschichte. es 1492. 122 Seiten
- Merryn. 118 Seiten. Gebunden
- Übungen, jüdisch zu sein. Aufsätze. es 2067. 150 Seiten

Oswald Egger
- Herde der Rede. Poem. es 2109. 380 Seiten

NF 313/1/6.00

Werner Fritsch
- Aller Seelen. Golgatha. Stücke und Materialien. es 3402. 200 Seiten
- Cherubim. 254 Seiten. Gebunden
- Es gibt keine Sünde im Süden des Herzens. Stücke. es 2117. 302 Seiten
- Fleischwolf. Gefecht. es 1650. 112 Seiten
- Jenseits. Erzählung. 72 Seiten. Gebunden.
- Die lustigen Weiber von Wiesau. Stück und Materialien. es 3400. 189 Seiten
- Stechapfel. Legende. 102 Seiten. Gebunden
- Steinbruch. es 1554. 53 Seiten

Rainald Goetz
- Abfall für alle. Roman eines Jahres. 800 Seiten. Broschur
- Celebration. Texte und Bilder zur Nacht. es 2118. 286 Seiten
- Dekonspiratione. Erzählung. 140 Seiten
- Festung. Stücke. es 1793. 295 Seiten
- Hirn/Krieg. es 1320. 508 Seiten
- Irre. Roman. Mit zahlreichen Abbildungen. st 1224. 331 Seiten
- Jeff Koons. Stück. 159 Seiten. Englische Broschur
- Kontrolliert. st 1836. 281 Seiten
- Kronos. Berichte. es 1795. 401 Seiten
- Rave. Erzählung. 1998. 271 Seiten. Leinen

Durs Grünbein
- Falten und Fallen. Gedichte. 124 Seiten. Gebunden
- Galilei vermißt Dantes Hölle und bleibt an den Maßen hängen. Aufsätze 1989-1995. 269 Seiten. Gebunden
- Grauzone morgens. Gedichte. es 1507. 93 Seiten
- Nach den Satiren. Gedichte. 1999. 250 Seiten. Gebunden
- Schädelbasislektion. Gedichte. 154 Seiten. Gebunden
- Den Teuren Toten. 33 Epitaphe. 48 Seiten. Büttenbroschur

NF 313/2/6.00

Norbert Gstrein
- Anderntags. Erzählung. es 1625. 116 Seiten
- Einer. Erzählung. es 1483. 118 Seiten
- Die englischen Jahre. Roman. 360 Seiten. Gebunden
- Der Kommerzialrat. Bericht. st 2718. 148 Seiten
- O2. Novelle. st 2476. 170 Seiten
- Das Register. Roman. st 2298. 230 Seiten
- Selbstportrait mit einer Toten. Roman. 112 Seiten. Gebunden

Katharina Hacker
- Der Bademeister. Roman. 210 Seiten. Gebunden
- Morpheus oder Der Schnabelschuh. es 2092. 126 Seiten
- Tel Aviv. Eine Stadterzählung. es 2008. 145 Seiten

Joachim Helfer
- Cohn & König. Roman. st 3120. 232 Seiten
- Du Idiot Roman. st 2998. 268 Seiten

Peter Henning
- Aus der Spur. Erzählung. st 3156. 120 Seiten
- Tod eines Eisvogels. Roman. st 2908. 135 Seiten

Daniel Kehlmann
- Beerholms Vorstellung. Roman. 288 Seiten
- Mahlers Zeit. Roman. 160 Seiten. Gebunden
- Unter der Sonne. Erzählungen. 112 Seiten

Gerhard Kelling
- Beckersons Buch. Roman. 1999. 269 Seiten. Gebunden

Ady Henry Kiss
- Atlantic City. Erzählungen. st 2838. 230 Seiten
- Baker's Barn. Roman. st 2633. 338 Seiten
- Canyons. Roman. st 3096. 160 Seiten
- Manhatten II. Roman. st 2416. 152 Seiten

NF 313/3/6.00

Barbara Köhler
- Blue Box. Gedichte. 59 Seiten. Leinen
- Deutsches Roulette. Gedichte. es 1642. 85 Seiten
- Wittgensteins Nichte. vermischte schriften / mixed media. es 2153. 175 Seiten

Uwe Kolbe
- Abschiede. Und andere Liebesgedichte. es 1178. 82 Seiten
- Bornholm II. Gedichte. es 1402. 106 Seiten
- Hineingeboren. Gedichte. 1975-1979. es 1110. 137 Seiten
- Nicht wirklich platonisch. Gedichte. 98 Seiten
- Renegatentermine. 228 Seiten
- Vaterlandkanal. Ein Fahrtenbuch. 86 Seiten.
- Vineta. Gedichte. 1998. 68 Seiten. Gebunden

Christian Lehnert
- Der Augen Aufgang. Gedichte. es 2101. 100 Seiten
- Der gefesselte Sänger. Gedichte. es 2028. 92 Seiten

Jo Lendle
- Unter Mardern. es 2111. 100 Seiten

Andreas Maier
- Wäldchestag. Roman. 350 Seiten

Thomas Meinecke
- The Church of John F. Kennedy. Roman. 245 Seiten
- Holz. Erzählung. st 3010. 112 Seiten
- Mode & Verzweiflung. st 2821. 129 Seiten
- Tomboy. Roman. st 3118. 251 Seiten

Bodo Morshäuser
- Die Berliner Simulation. Erzählung. 138 Seiten
- Blende. Erzählung. 161 Seiten. Broschur
- Hauptsache Deutsch. 1992. es 1626. 205 Seiten

NF 313/4/6.00

- Liebeserklärung an eine häßliche Stadt. Berliner Gefühle. st 2933. 155 Seiten
- Nervöse Leser. Erzählung. 150 Seiten. Broschur
- Revolver. Vier Erzählungen. es 1465. 140 Seiten
- Tod in New York City. Roman. 140 Seiten. Gebunden
- Warten auf den Führer. es 1879. 142 Seiten
- Der weiße Wannsee. Ein Rausch. st 2713. 192 Seiten

Sabine Neumann
- Streit. Erzählungen. st 2119. 140 Seiten

Andreas Neumeister
- Äpfel vom Baum im Kies. 1988. 261 Seiten
- Ausdeutschen. Roman. 132 Seiten. Gebunden
- Gut laut. Roman. 132 Seiten. Gebunden
- Salz im Blut. 195 Seiten. Gebunden

José F. A. Oliver
- fernlautmetz. Gedichte. es 2212. 80 Seiten

Albert Ostermaier
- fremdkörper hautnah. Gedichte. es 2032. 100 Seiten
- Heartcore. Gedichte. Mit CD. 110 Seiten
- Herz Vers Sagen. Gedichte. es 1950. 73 Seiten
- The Making Of. Radio Noir. Stücke. es 2130. 192 Seiten
- Tatar Titus. Stücke. 198 Seiten. Gebunden

Doron Rabinovici
- Papirnik. Stories. es 1889. 134 Seiten
- Suche nach M. Roman in zwölf Episoden. 287 Seiten. Gebunden

NF 313/5/6.00

Patrick Roth

- Die Christus-Trilogie. Drei Bände mit CD. 436 Seiten. Gebunden in Kassette
- Corpus Christi. st 3064. 180 Seiten
- Johnny Shines oder Die Wiedererweckung der Toten. Seelenrede. st 2783. 163 Seiten. Gebunden
- Meine Reise zu Chaplin. Ein Encore. 80 Seiten. Gebunden
- Riverside. Christusnovelle. st 2568. 93 Seiten

Ralf Rothmann

- Berlin Blues. Schauspiel. 100 Seiten. Bütten-Broschur
- Flieh, mein Freund! Roman. st 3112. 280 Seiten
- Gebet in Ruinen. Gedichte. 72 Seiten
- Kratzer und andere Gedichte. st 1824. 85 Seiten
- Messers Schneide. Erzählung. st 1633. 133 Seiten
- Milch und Kohle. Roman. 211 Seiten. Gebunden
- Stier. Roman. st 2255. 372 Seiten. Leinen
- Wäldernacht. Roman. st 2582. 304 Seiten
- Der Windfisch. Erzählung. 133 Seiten. Broschur

Lutz Seiler

- pech & blende. Gedichte. es 2161. 90 Seiten

Jamal Tuschik

- Keine große Geschichte. Roman. es 2166. 200 Seiten

Anne Weber

- Am Anfang war. 200 Seiten
- Ida erfindet das Schießpulver. es 2108. 120 Seiten

Peter Weber

- Silber und Salbader. Roman. 306 Seiten. Gebunden
- Der Wettermacher. Roman. st 2547. 316 Seiten

NF 313/6/6.00